港湾で活躍する人材の育成

奥田　美都子・柴原　優治　共著

成山堂書店

発刊にあたって

　この度、港湾職業能力開発短期大学校横浜校（港湾カレッジ）の柴原優治ならびに奥田美都子の両氏から本書『港湾で活躍する人材の育成』の巻頭言執筆の依頼をいただきました。タイトルに「港湾で活躍」とあるのに感激し、これまで港湾人の人材育成についての書籍が全くなかったと思いながら、巻頭言を書かせていただきました。

　話しは少し古くなりますが、1958（昭和33）年5月に、政府が行う職業訓練の推進、企業の行う職業訓練の振興、技能検定制度の創設等を主な目的とする「職業訓練法」が制定・施行されました。職業訓練法に基づく職業訓練は、大別すると養成訓練と再訓練、追加訓練、向上訓練に分かれています。前者の養成訓練は、国または地方公共団体が自ら行う公共職業訓練と、事業主が単独または共同して行う認定職業訓練です。後者の再訓練などは、事業主が単独または共同して行うのを建前とし、国または県は、これを援助することになっております。その後、1969（昭和44）年7月に「職業能力開発促進法」が制定され、「職業訓練法」は廃止されました。この法律の制定により、港湾で働く従業員の職業訓練・人材育成がにわかにクローズアップされました。

　その当時、港における職業訓練については、一貫したものはなかったため、それぞれの企業で伝統的に伝えられたやり方を継承するというもので、全くの素人が、先輩のやり方を見よう見まねでその技術を盗み、習得していくというものでした。全国的にも組織的・系統的に組み立てられた港湾職業訓練は確立されていませんでした。そのため「職業訓練法」の施行によって港湾でもその養成が求められるようになったのです。

　巻頭言を書くにあたっていろいろ考えながら書棚から古い書類を捜していたところ、私の大先輩でもあった故・北見俊郎氏（注）が機関誌『港湾訓練』の昭和46年8月号の記事に、「日本の港には夢がなかった。日本人にとって港は流行歌や暴力の対象になったとしても、港が重要な産業社会であったり、市民の職場であるという意識が薄かった。さらに、国民経済と地域経済、社会を支えている貴重な労働の場であり、近代日本の文化の発祥の地であるという認識もあまりない。欧米先進国の港とくらべて、日本の港が一番後進的なものは、港の設備や機械でなく、港が人間の働く場所であり、港湾都市という社会が無

視されてきたという点である。こういう間違ったことを長年してきても、今もそういう間違いに気付かないでいるのは『港湾は国の公物である』という百年前の古い考え方が残っているからである。港は『物』ではない。港は生きている。港は機械で動くものではなく、人間によって動くものだからである。生きているものに夢が必要である。その夢は『ブルーライト』なものでなく、もっと生々しい闘いの夢である」と書かれていました。まさにその通りです。

　四方を海に囲まれたわが国は、海洋国であって、多くの資源を輸入し、これらを商品化して輸出する貿易が経済の基礎であることは言うに及びません。経済が著しく成長しはじめた昭和40年ごろから、世界の港で導入が開始された「コンテナ船」、その後、能率荷役を目標とする穀類、木材、鋼材等物質別専用船に引き続き「ラッシュ船」、「RORO船」の就航問題に対し、港湾では一丸となって諸問題の解決のため人材育成等にも力を注いでまいりました。

　さて、現在はどうでしょうか。国内外を通じて生産物を生産者から消費者に引き渡し、衣食住などの人間の暮らしや経済活動を支えているのが「物流」で、その中心にあるのが「港」です。近年の少子高齢化や若年労働者の減少によって、ご多分にもれず港湾の働き手不足が顕著になってきています。こと港湾の諸問題は、一企業のみで解決できるものではなく、市・県・国を巻き込んで解決すべき姿勢が求められます。優秀な技術、高い知性、そして豊かな人間性を兼ね備えた「港湾人」が港から続出しなければ、港は発展しません。正解がない時代を切り開くなか、港湾の将来、日本の未来を担う港湾人が多く輩出することを希望してやみません。お二人のこの著書が、今後の港湾産業の発展とこれから港湾を支えていく若者の育成に寄与されることを期待するとともに、本書にとって港湾の仕事がさらに理解され、親しまれ、愛される機会となることを願っています。

2024年3月

公益社団法人 神奈川港湾教育訓練協会　会長
藤木企業株式会社　取締役相談役

藤木　幸夫

(注)北見俊郎（1924〜2014）
　　立教大学経済研究科卒業
　　関東学院大学教授・青山学院大学教授
　　日本港湾経済学会名誉会長等多数歴任
　　著書『国民経済と港湾』その他多数あり

はじめに

　港湾職業能力開発短期大学校横浜校（以下、港湾カレッジ）に 2013 年に異動してからちょうど 11 年目になる。前職では、今や日本の実業家として「社長の中の社長」と評価されている日本電産株式会社（現ニデック株式会社）の創業者、永守重信代表取締役会長が卒業した職業能力開発総合大学校（当時は、職業訓練大学校）で、「キャリア形成支援概論」「キャリア形成支援演習」「専門別教科教育法」「教育訓練評価」などの授業を担当していた。キャリアの授業では、永守氏の書籍やビデオを活用し、厚生労働省所管の大学校にも実業界で大活躍している卒業生がいることを伝え、自信や夢を持ってもらうことを心がけていた。当時、永守氏を知らない学生が沢山いたが、当該授業で話すことによって、彼らから大きな反響があったことを覚えている。

　そのような筆者が、港湾・物流業界に就職を考えている学生たちが入校してくる港湾カレッジに異動となった。最初は、右も左もわからなかったが、もともと好奇心旺盛な筆者は、先輩教員の授業を聴講させていただき知識とスキルを吸収していくと同時に、港湾業界の現場を知るために卒業生が入社している企業を訪問し、港湾業界の現状や問題点、必要としている人材についてヒアリングを行った。さらに、座学のみならず、時には、学生たちを引率し、コンテナターミナルの現場で本船荷役の様子などを見学させた。

　その間、港湾物流の現場の見学でお世話になった方が、今回共同著者としての依頼を快諾していただいた元株式会社ダイトーコーポレーション常務取締役で港湾カレッジの OB でもある柴原優治氏である。本船の荷役現場の見学は、前もって予約するのが大変である。本船の入港が天候によって予定通りいかないことが少なくないからだ。それにもかかわらず、自動車専用船の船積み見学を沿岸のみならず船内も見学させていただいた。学生たちは大喜びである。また、学生の卒業論文に必要な資料についてもご協力いただいた。この場を借りて、お礼申し上げたい。

　そもそも本書を執筆するきっかけとなったのが、2021 年 1 月下旬から 2 月上旬にかけて日本海事新聞に全面連載された筆者の寄稿である。内容は、筆者

が当時在籍していた慶應義塾大学大学院政策・メディア研究科後期博士課程の博士論文の一部から視点を変えて投稿したものだった。博士論文のテーマは、「若者の学校から社会への円滑な接続に向けたキャリアガイダンスのあり方」だったが、本研究をした結果、円滑に社会へ接続した若者たちのその後の社員定着の実態が気になったのである。予想以上に反響があり、当該記事を読んだ多くの企業の管理者の方々に、土曜、日曜という休みの日にもかかわらず、セミナーに参加していただいた。そのうちの一人が、「掲載記事のインタビュー調査結果の内容とそっくり同じことを自分の部下が話していて、当該記事を読んだ時びっくりしました。同じことを考えている入社2〜3年目の若者が少なくないのだと実感し、若者の離職を防ぐためにも、奥田先生のセミナーを即日申し込みました」と言っていた。

そこで、2020年12月下旬から2021年2月上旬に、港湾・物流企業19社（従業員数100人以上）の入社10年以内の社員に調査を実施した。

注目したのは、港湾カレッジ卒業生は、4年制大学卒業生に比べて離職率がきわめて低かったことである。インタビュー調査の結果、リアリティショックが少ないことが一因であることがわかった。港湾カレッジの学生のほとんどは、港湾・物流企業に就職したくて入校する。授業カリキュラムも入社後に即戦力として働くことができる内容となっている。港湾・物流業界は、一般的に「きつい、きたない、危険」の「3K」と言われている業界である。このことを学生時代に授業である程度理解した上で就職するため、「こんなはずではなかった」というリアリティショックが少ないと思われる。これは、港湾カレッジのみならず、職業教育、すなわち、職業能力開発をしている施設では共通している。

さらに、港湾カレッジは1972年の開校以来、就職率100％を達成してきた。しかも、卒業生たちは、現在も横浜港を中心に港湾・物流業界で活躍しており、その結果、各港湾・物流企業から即戦力としての求人を多数いただいている（2022年度　修了生の有効求人倍率13.1倍）。この理由のひとつとして、カリキュラムに、日本版デュアルシステム訓練を採用しているコースのあることが挙げられる。ニート・フリーター対策として18年前に開講されたコースである。学校での座学（Off-JT）と企業での実習（OJT）の両方（デュアル）を

学ぶことによって、港湾カレッジでの正社員としての就職率100％を実現していると考える。

また、筆者が担当している「キャリア形成概論」の授業では、以下のキャリアコンサルティングの6つのステップ（厚生労働省）に沿って授業を展開している。すなわち、

　第1ステップ：自己理解

　第2ステップ：仕事理解

　第3ステップ：啓発的経験

　第4ステップ：意思決定

　第5ステップ：方策の実行

　第6ステップ：適応

である。

「キャリア形成概論」の授業が学校全体のカリキュラムと連動して相互に効果的に組み合わさっている。

若者の学校から社会への円滑な接続が叫ばれるなかでの港湾カレッジの成功は、前述した実践的な職業教育と、それによる入社後のリアリティショックの少なさだと筆者は考える。四方を海に囲まれた日本では、物流の基盤である港湾を守り支えていく若者の人材確保と教育が不可欠である。

本書では、港湾の仕事をわかりやすくまとめ、港湾で活躍できる人材の育成について、能力開発施設という教育現場と港湾・物流企業の実務現場の両面から解説する。本書が、これから社会へはばたく若者、進路選択途上にいる若者、および企業の経営者、人事・採用・研修担当の方々のお役に立てれば、筆者としてこれ以上の喜びはない。

2024年3月

奥田　美都子

目　次

目　　次

第1章　国民生活に不可欠な港湾の仕事

　日本は、資源が乏しい国である。原料などの工業資源、工業原料を輸入して、それらを加工、製品化して輸出している。具体的には、原油、LNG（液化天然ガス）、石炭、銅や鉛、アルミニウムなどを輸入して、自動車、鉄鋼、半導体等の電子部品、電気機械、プラスチック製品などを輸出している。

　また、食料も輸入に頼っている品目が多い。自給率の低いとうもろこし、大豆、小麦はともにアメリカからの輸入が大部分を占め、その他はブラジル、カナダ、オーストラリアなどから輸入している。

　筆者は、朝食にパンを食べることが多いのだが、もし小麦などの食品が輸入できなかった場合の朝食は、図1.1のように寂しいものになってしまう。貿易がなければ、大好きなパンを食べることができなくなるばかりか、ウィンナーやオムレツもほんの少ししか食べられない。このように、貿易は、日本国民の生活にとって、きわめて重要であることがわかる。

　日本にとって重要なこの「貿易」に占める海上貨物（海運）の割合（トンベース）は、輸出入合計で99.6％にもなる。そして、この海上貨物が発着する拠点となるのが「港湾」なのである。

食品を輸入した場合の朝食（現在）

ウィンナー　　　　パン＆バター

オムレツ
野菜サラダ　　　　牛乳

食品を輸入できなかった場合の朝食

ウィンナー　　　　　　　パン＆バター
5%　　　　　　　　　　1%　　20%

オムレツ 15%
野菜サラダ
レタス　99%　　　牛乳
きゅうり　93%　　43%
植物油　2%

注：右図の％は、国内の自給率

図 1.1　貿易がある場合（左）とない場合（右）の朝食の違い

（出所：筆者作成）

1.1　貿易を支える港湾運送事業

「貿易」を支え、海と陸との結節点となる「港湾」において港湾運送事業は、「船舶と陸上各機関との間に立って、貨物の受渡し、荷さばき、各種証明などの事業を行う業界」である。こうした仕事を円滑に遂行するためには、貨物の積卸しに必要な人員や機材・施設を保有しているだけでなく、機器を安全に運転操作するための資格やさまざまな形式の船舶に柔軟かつ的確に対応できる作業方法・技術やノウハウ等が必要になる。

このような港湾運送事業を担う「港湾運送事業者」は、「港湾運送に関する秩序を確立し、港湾運送事業の健全な発達を図り、もって公共の福祉を増進すること」を目的とした港湾運送事業法（国土交通省）によって、次のような事業に分類されている。

第1種　港湾運送全体にわたってサービスを提供する一般港湾運送事業

第2種　船内・沿岸の荷役作業を提供する港湾荷役事業

第3種　港湾内や指定区間を艀（はしけ）輸送するはしけ運送事業

第4種　主に木材を筏（いかだ）に組んで運ぶいかだ運送事業

第5種　貨物の積卸しの際、個数の計算や受渡しの証明などをする検数事業

第6種　貨物の積付けや事故について証明・調査・鑑定をする鑑定事業

第7種　船積貨物の容積、重量の計算および証明をする検量事業

また、新たに港湾運送事業を開始（創業）するにあたっては、一定数の労働者・施設を保有していることや、運賃・料金の事前届出制、再下請けの禁止等の下請制限等の規制がなされている。

四方を海に囲まれている日本には、漁港を含めると 3,000 近くの港がある。そのなかで、港湾運送事業法の適用対象港（指定港）は、全国に 93 港ある。

たとえば、愛知県では名古屋・衣浦・三河港が、三重県では四日市港が指定港となっている。そのなかでも名古屋港と四日市港は、港湾法で「特定重要港湾」と定められていた。2011 年の法改正によって、日本の港湾の国際競争力の強化を図ることを目的として、従来の特定重要港湾を廃止し、新たに港のランクとして「国際戦略港湾」が最上位に位置付けられたことから、それ以外の特定重要港湾は、「国際拠点港湾」に改められている。「国際戦略港湾」は、政

令により、京浜（東京港・横浜港・川崎港）、阪神（大阪港・神戸港）の５港が指定されており、当該港湾は国土交通省の「国際コンテナ戦略港湾」にも選定されている。

1.2 港湾労働法の適用を受ける港湾労働者

港湾労働法（厚生労働省）は、「港湾労働者の雇用の改善、能力の開発及び向上等に関する措置を講ずることにより、港湾運送に必要な労働力の確保に資するとともに、港湾労働者の雇用の安定その他の港湾労働者の福祉の増進を図ること」を目的とした法律である。

この法律の適用対象となる港湾は、港湾における荷役量、港湾労働者の数等を考慮して、東京港、横浜港、名古屋港、大阪港、神戸港、関門港の６大港となっている。

この法律により、

①　厚生労働大臣は、主要港湾ごとに港湾雇用安定等計画を策定すること。

②　港湾労働者の雇用の改善、能力の開発および向上等を促進すること。

③　港湾労働者雇用安定センターに労働者派遣を行う体制を整備すること。
等が規定されている。

港湾労働法では、港湾運送の業務に従事する常用労働者の届出が義務付けられており、届出のあった港湾労働者に対して、違法就労を防ぐため、ハローワークを通じて「港湾労働者証」が交付される。

「港湾労働者証」の交付を受けた労働者は、港湾運送の業務に従事するときに「港湾労働者証」を携帯しなければならないことになっている。（名古屋港では、2021（令和3）年2月現在「港湾労働者証」を所持している者が約5,500人おり、その登録の内訳は船内は約1,800人、沿岸は約2,500人、倉庫は約800人、はしけ約20人、いかだ約30人である。）

1.3 港湾の現場を担う荷役作業者

国際海上輸送において、コンテナ貨物の取扱量は年々増加し、日本の港湾運送量全体の4割、6大港では7割を占めている。そのため、船舶の大型化および大型コンテナ船の寄港に対応した港湾施設の整備や大型の荷役機械の設置が

図 1.2　飛島ふ頭南側コンテナターミナル（左）と荷役を行うコンテナ船（右）

（出所：名古屋港管理組合）

進められている。

　こうした背景から、コンテナの取扱いやコンテナ荷役に関係した機器の運転技能者、荷役機器や重機の運転技能者やメンテナンスのできる人材育成の必要性は、ますます高まっているといえよう。

（1）港湾荷役作業者

　港湾荷役作業者は、港湾運送事業者に雇用されていて、船舶と港でのコンテナなど貨物の積卸しや運搬を行う。

　船舶の係留場所別に、船舶を沖合に停泊させ、はしけ（艀、バージ）やパイプライン等を利用して貨物の輸送を行う「沖荷役」と船舶を岸壁などの陸岸に直接横付けして荷役を行う「接岸荷役」とに分けられる。はしけは、積載重量が 50～200 トンで船底が平らなため、ばら積み貨物である砂・穀物や重量物の運送に使われている。

　港湾荷役事業は、貨物受渡しの境界区分からは、「船内荷役」と「沿岸荷役」に分かれている。

（2）船内荷役作業者

　船内荷役作業は、船舶に乗り込んで貨物の積卸し作業を行うものである。

　船内荷役作業者は、ギャング（船舶から貨物を積み卸す荷役作業グループのこと）編成で船舶に乗り込み、デッキマンと呼ばれる作業指揮者が揚貨装置（船舶上のクレーン）やガントリークレーンを操作する技能者に合図を送り、

図 1.3　ガントリークレーンによる船内荷役（左）と重量物（鉄道車両）の船内荷役（右）
（出所：左　名古屋港管理組合、右　名港海運）

**図 1.4　フォークリフトによる船内荷役（左）とバルク貨物（石炭、鉱石、穀物等）の
船内荷役（右）**
（出所：左　ポリテクセンター名古屋港、右　東洋船舶作業）

船艙に積まれた貨物を吊り上げて、積み卸しする作業を行う。在来船の 1 ギャ
ング構成は 11〜13 人程度でハッチ単位、コンテナ船で 1 ギャング 8 人程度で
構成されている。

　その時の一般技能者は、ウインチの吊り具の掛け外し（玉掛け作業）、船艙
の奥の荷物をフォークリフト等で移動させる作業、ワイヤーを貨物に玉掛けす
る作業などを共同で行う。

　船内荷役作業では、貨物の種類・性質・数量・大きさ・重さや荷姿によっ
て、揚貨装置、ガントリークレーン、フォークリフト、ブルドーザー等種々の
重機を運転操作して貨物の積卸しを行う。

　事業者は、労働安全衛生法の第 61 条において、「クレーンの運転その他の業

務で、政令で定めるものについては、都道府県労働局長の当該業務に係る免許を受けた者又は都道府県労働局長の登録を受けた者が行う当該業務に係る技能講習を修了した者その他厚生労働省令で定める資格を有する者でなければ、当該業務に就かせてはならない。」と定められている。そのため、クレーン・デリック運転士免許（ガントリークレーンを運転操作するために必要）や揚貨装置運転士免許、玉掛け技能講習・フォークリフト運転技能講習・車両系建設機械（整地等）運転技能講習などの修了証取得が必要になる。

（3）沿岸荷役作業者

　沿岸荷役の作業者は、岸壁側やふ頭ターミナルで監督の指示を受けながら、岸壁と屋根がついた貨物置場（上屋）や荷さばき地、野積場の間で貨物の運搬や搬出を行い、荷さばき地では、貨物の積み上げと取り崩し、仕分けなどの荷さばき作業を行う。

　貨物の運搬や搬出および積み上げと取り崩し、仕分けなどには、フォークリフト、ショベルローダー、リーチスタッカー、トップリフター、RTG（タイヤ式ガントリークレーン）等の機械装置が使われ、港湾内の運搬・回送をするために大型自動車も使用されている。

　倉庫では、荷役作業の主役はフォークリフトで、複数のフォークリフトで互いに連携を取り合いながら作業を行う。さらに、「パレット」と呼ばれる荷台に貨物を積み上げる作業や輸出入貨物をコンテナに詰めるバンニング作業や反対に輸入貨物をコンテナから出すデバンニング作業が行われている。こうした仕事には、効率よく作業をするための知識や荷崩れをさせないように積み上げる技能と経験が必要となる。

　沿岸荷役作業においても、船内荷役と同様に重機の運転操作には、資格が必要である。クレーン・デリック運転士免許や大型特殊自動車免許、移動式クレーン運転士免許、玉掛け・ショベルローダー運転等（リーチスタッカーの運転操作に必要な技能講習（機器メーカー推奨））・フォークリフト運転の技能講習修了証の資格が必要になる。

図 1.5　鍋田ふ頭の RTG（左）とリーチスタッカー（右）による沿岸荷役作業

（出所：左 名古屋港管理組合、右 ポリテクセンター名古屋港）

図 1.6　コンテナへ貨物積込み、トップリフターによる沿岸荷役作業（左）と
港湾内にコンテナを運搬・回送を行う沿岸荷役作業（右）

（出所：左 東海協和、右 名古屋港管理組合）

1.4　港湾荷役作業者に必要なスキル

　港湾での労働は、一般的には常にチームを組んで共同作業で行われることから、まずは、規律を守る協調性と機敏性などが求められる。さらに、国際海上輸送のコンテナ化や大型専用船の導入、機械化によって作業の効率化が進んでおり、技術の進歩に対応できる専門知識や技能を持った人材が必要になっている。そのため、港湾関係の教育訓練施設を修了し、クレーン・デリック運転士免許や揚貨装置運転士免許、大型特殊自動車免許、フォークリフトの運転や玉掛け技能講習等の必要な資格を取得してから就職する場合もある。

　たとえば、港湾職業能力開発短期大学校横浜校（以下、港湾カレッジ）では、フォークリフトの運転や玉掛け技能講習は必修科目であり、全員が資格を取得してから就職する。荷役機器を使用して安全に荷役作業を行うためには、その資格がなければ運転操作はできない。玉掛けやフォ

図1.7　フォークリフト運転技能講習の様子

ークリフト運転技能講習修了証の資格は、入社後すぐに必要となる。また、普通自動車免許証も保有することが望ましい。

　企業によってさまざまであるが、クレーン・デリック運転士免許や揚貨装置運転士免許は、入社後5～10年してからではないと取得できない場合もあるため、関連した資格を取得して就職した方が給与面でも有利となる。

　港湾カレッジでは、作業職として就職を希望している者は、クレーン・デリック運転士免許や揚貨装置運転士免許を取得の上、就職させている。大型特殊自動車免許が入社の要件になっている企業もある。

　また、企業に正社員として採用された場合は、経験や実績、船内荷役作業主任者（取得には、荷役作業で使うクレーン・デリックや揚貨装置の運転士免許を取得後4年以上の実務経験が必要）などの資格取得によって、班長、組長、主任等へ昇進するケースもある。

1.5　港湾荷役作業に必要な資格

　上述のように、港湾荷役作業をするためには、作業方法および重機の種類などによって、さまざまな資格が必要となる。

　港湾荷役作業に関係した労働安全衛生法に定められた国家資格（免許）には、「クレーン・デリック運転士免許（限定なし）」、「移動式クレーン運転士免許」、「揚貨装置運転士免許」の港湾3運転士免許がある。さらに、フォークリフト等で公道を走行するために「大型特殊自動車免許」が必要になる。

　これら国家資格（免許）のなかで最も難度が高いのは「クレーン・デリック運転士免許（クレーン限定）」で、試験は全国7ブロック（北海道、宮城県、

千葉県、愛知県、兵庫県、広島県、福岡県）の安全衛生技術試験協会で学科試験と実技試験が行われる。毎年 24,000 人前後が受験し、合格率は令和元年度が 58%、平成 30 年度 55.3%、平成 29 年度 45% となっている。

「移動式クレーン運転士免許」も同協会で試験が行われ、毎年 6,000 人前後が受験し、合格率は令和元年度が 65.3%、平成 30 年度 63.1%、平成 29 年度 59.8% となっており、少しだけ「クレーン・デリック運転士免許（クレーン限定）」よりも合格率が高くなっている。

「揚貨装置運転士免許」も同協会で学科試験と実技試験が行われ、毎年 600 人前後が受験し、合格率は令和元年度が 70.4%、平成 30 年度 74.6%、平成 29 年度 74.6% となっている。

各技能講習においても学科・実技教育を行うことを目的として、労働安全衛生法第 77 条の規定により、各都道府県労働局に登録された登録教習機関で教育・試験が行われている。技能講習の学科・実技試験は、上記運転士免許試験よりも難度は低いが、有害・危険な業務に従事する場合には、技能講習または特別教育を受講しなければ就業することができない。

このように、港湾荷役の実務に携わる場合は、多くの特殊な資格や免許が必要になる。これらの業務がなければ、日本の貿易は成り立たず、非常に重要な仕事であるといえる。また、通常は運転や操作することのない、特殊な機械を操作できるようになることで、港湾での業務以外の作業等に活かすことも可能となる。第 8 章に港湾で使われる資格・免許について詳述しているので参照いただきたい。

1.6　さまざまな港湾の仕事

これまで紹介した港湾荷役業務などの他にも、港湾に関係する維持・サービスの仕事は、以下のとおりさまざまある。

① 港湾曳船（タグボート）：大型船入出港のサポート、海上警備、海上防災業務
② 船舶給水：船舶への清水補給業務
③ 船舶給油：船舶の燃料（重油、LNG）補給業務
④ 廃棄物・廃油回収：船舶から排出されるゴミや廃油を回収する業務

⑤　通船：港外やブイに停泊する本船と陸の間を行き交う人の送迎業務

⑥　水先人送迎：パイロットのための送迎業務（水先人は、船舶が港湾へ入出する際に船長に代わりまたは補佐して船を安全に運航し誘導する者）

⑦　綱取り外し：本船係留索の取り外し業務

⑧　ポートラジオ：沿岸地域での船舶との通信用 VHF 海岸局としての業務

⑨　マリンサプライヤー（シップチャンドラー）：船舶への船具、資材、船食などの納入業務

⑩　船舶代理店：船舶の入出港各種手続き、船員のアテンド等の業務

⑪　港湾運送：輸出入貨物の揚げ積み作業、通関、保管業務

⑫　陸上・海上輸送：輸出入貨物の陸上・海上輸送業務

⑬　貨物保管：貨物を安全に保管する業務（コンテナターミナル、上屋、倉庫、はしけ等）

⑭　港内清掃：清掃船にて港湾の浮遊物等を回収する業務

⑮　本船清掃：船舶の艙内を清掃する業務。揚荷の後、次の積み荷のため不純物を取り除く業務

⑯　シーバス：ベイエリアの乗船施設を定曜定時で結ぶ海上バスの業務

⑰　福利厚生施設：宿泊施設、病院、理髪店、食堂、スーパー等、船員や港で働く人のために営業する施設での業務

⑱　広報宣伝：港のセールス、観光案内、振興のための活動業務

⑲　港湾整備：港湾施設の補修点検、航路浚渫など良好な状態を維持する業務

このように、港湾での仕事は、一般にはわかりにくいことが多いが、多種多様である。しかも、港湾運送事業がなければ、資源の乏しい日本は、国民生活に不可欠な物資が手に入らなくなってしまうのである。まさに、港湾の仕事は、国民生活を支える縁の下の力持ちといえよう。

本書では、港湾運送事業の人材育成に着目して、能力開発施設という教育現場と港湾・物流企業の実務の現場という両面から解説する。

①タグボート

②船舶給水船

⑥水先人送迎（パイロットボート）

⑦綱取り外し

⑪港湾運送

⑭海上のゴミ回収

図 1.8　さまざまな港湾業

（出所：①⑦ JFE 福山ポートサービス HP、②横浜はしけ運送事業協同組合 HP、⑭鹿児島清港会 HP）

【参考文献】
1) ポリテクセンター名古屋港 HP（2022.11.25 閲覧）
2) 海で働く仕事、海・船・港は魅力がいっぱい、日本海事広報協会（2022.11.25 閲覧）
3) 財務省貿易統計
4) 港湾サービス（多様な港湾関連産業）（2012.11）、雑誌「港湾」
5) 国土交通省関東運輸局港運課（2023.2.5 ヒアリング）
6) 柴原優治「港湾産業論」教材

第2章　港の仕事とその歴史

　港湾が担う役割や重要性については、世界の政治や経済が平穏であるときに
議論されることは稀であるが、原油や穀物などの高騰、紛争や自然災害による
海上輸送網の混乱などで国民生活に影響を及ぼす状況が生じた際に大きく取り
上げられることが多い。港湾産業が機能不全となった場合の国民生活へ及ぼす
影響も、正常に機能している間は理解されにくいが、港湾サービスが提供でき
なくなった場合は、他の産業と比べようがないほどの甚大な打撃を被ることと
なる。

　四方を海に囲まれた日本は、古より、国民生活に必要な物資を海外から調達
し、優れた製品を諸外国へ売り、世界の国々と市場を開拓し合いながら国を栄
えさせてきた。その輸送のほとんどは海上輸送で行われ、船舶によって港湾を
経由し、国内外へと運ばれていく。

　貿易でモノが動くことを世界物流、国際間物流などと表現されるが、海外と
国内の接点である港湾における「モノ」の流れは「港湾物流」と呼ばれる。港
湾では物資が揚げ積みされ、目的地別に荷さばきし、輸送されるという機能面
の役割を果たすだけではなく、地域に及ぼす経済的な恩恵、人や文化の往来、
災害時の避難場所、さらには国を守る防衛の拠点など、古来その土地、そこで
生活する人達の暮らしにも深く関わってきた。

　多様な役割を担う日本の港湾は、その時々の経済状況や国際情勢、輸送貨物
の変容、船舶や輸送技術の進歩などに対し、港湾機能の整備と荷役技術の向上
を図り、世界の主要航路が集まる港湾として着実に発展を遂げてきた。その港
湾には常に人々の暮らしを支えるため日々汗を流し、やるべき仕事を黙々とこ
なしてきた多くの港湾人がいたことはいうまでもない。

　本章では、人を中心（立場）として港湾が時代とともにどのように変遷し、
そこで働く港湾人がいかに関わり、歩んでいくのかを考察していく。これによ
り、読者の方々に「港湾の仕事は面白い」「港湾産業で働くことの意義は何か」
などの理解や興味を抱いていただき、職業として港湾の仕事を選択したいと思
う若者が一人でも多く現れることを期待しながら進めていく。

2.1　港湾の伝承と継承

(1) ミナトと学問

　一人当たりの国民総生産が 1955 年に戦前の水準を超え、翌 56 年に経済企画庁が発表した『経済白書』の結びに「もはや戦後ではない」と記された。この時期を境にして、日本の経済成長は急速な進展を遂げていった。これを支えたのが港湾である。

　古来「ミナト」は多くの船が寄港し、人々が集い、物資の往来とともに、文化、芸術、宗教などが通い合う場所であった。ミナトでは長い間、この場所を生業とする人に対し「怪我と弁当は自分持ち、ミナトに学問はいらない」という業界の風潮を言い表した格言があった。また仕事の仕方についても「ミナトの仕事は親方の背中を見て覚えろ」など、徒弟制度的な教え方が多かった。このため、ミナトの各企業が長い歳月と先人達の苦労で築き上げ、伝承してきた仕事の仕方や若い衆の躾（教育）などは、その企業にとって貴重なノウハウであり、蓄えられた知見は厳しい業界で他社との差別化を図るための大切な財産でもあった。このような考え方や風習が形成されていった背景には、現代とは違う当時の業界の構造と雇用形態などがあった。

表 2.1　日本の近代化を支えた港湾の変遷

年	出来事	具体的な内容
1853	黒船来航	米国ペリー提督が浦賀沖に来航し、江戸開港を迫る。
1858	日米修好通商条約締結	翌年に長崎、神奈川、函館、兵庫、新潟の 5 港を開港することで合意。
1859	横浜、長崎、函館　開港	神奈川湊が候補であったが、江戸幕府は横浜開港を強行。
1868	兵庫　開港	開港を機に、開港場が兵庫津から神戸港と呼ばれるようになった。
1869	新潟　開港	戊辰戦争の影響のため、安政の 5 か国条約締結から 10 年遅れで開港。
1923	関東大震災	横浜港の港湾施設が壊滅的被害を受け、東京港の開港問題が浮上。
1941	東京　開港	横浜港と統合の上で「京浜港」として開港されたが、外国貿易の重点は横浜港のままで、東京港は原則として外国船舶の出入り禁止。

1950	港湾法制定	港湾の秩序ある整備および適正な管理運営に関する基本法の制定。
1951	東京港が重要港湾に指定	重要港湾の指定を受け、外国船の受け入れが可能となった。
1951	港湾運送事業法成立	第1種〜第4種の事業区分とし登録制、企業乱立、朝鮮戦争勃発。
1959	港湾運送事業法全面改正	第1種〜第7種の事業区分とし免許制、料金は認可制。
1967	日本初コンテナ専用ふ頭供用	3月神戸港摩耶ふ頭第4突堤に、日本初公共コンテナターミナル完成。
1967	コンテナ船初入港	9月17日米国マトソン社「ハワイアンプランター」神戸港へ初入港。
1970	自動車専用船初就航	川崎汽船の「第十とよた丸」が自動車専用船（PCC）として初就航。
1984	港湾運送事業法一部改正	コンテナに対応し、船内荷役事業と沿岸荷役事業を統合し「港湾荷役事業」とした。
1985	民営化の波	国鉄（九州、四国、西日本、東日本、北海道）や電電公社の民営化。
1989	港湾労働法施行	旧法の登録日雇労働者制度を廃止し、港湾労働者雇用安定センターを労働力需給調整の柱としたもので、雇用の改善、能力の開発などを目的。
1991	NACCS稼働	航空貨物と統合し、統合版NACCSとして稼働。1999年より、全国の海港を対象として拡大。
1995	阪神・淡路大震災	神戸港、大阪港の港湾施設が甚大な被害を受ける。
2000	港湾運送事業法改正	事業免許は免許制から許可制、運賃・料金は許可制から事前届出制。
2002	改正ソーラス条約発効	2001年の米国同時多発テロ事件を受けて、船舶・港湾施設の保安条項を追加。港湾施設の保安体制、出入り管理（三点確認）などを厳格に実施。
2006	港湾運送事業法改正	事業法の規制緩和を、主要9港から全国の指定地方港湾に拡大。
2006	AEO制度導入	国際物流のセキュリティ確保、円滑化、国際競争力強化を目的に導入。
2010	国際コンテナ戦略港湾選定	京浜港（東京、横浜、川崎）と阪神港（大阪港、神戸港）の2港を指定。
2011	東日本大震災	3月11日発生。北関東以北の主要港湾が津波で被害を受ける。

2011	輸出コンテナ・中古自動車などの放射線測定開始	4 月 22 日　国交省「輸出コンテナの放射線測定ガイドライン」決定。中古車・中古建機類の船積み時検査は、8 月 17 日の港湾労使間締結により全量測定開始。
2016	通関業法改正	申告官署の自由化、許可基準の見直しによる需給調整条項の廃止など。
2017	海上・臨海部テロ対策強化	2020 年東京オリンピック開催を見据え、官民一体となった協議会を発足。
2017	ヒアリ確認	5 月 26 日　兵庫県尼崎市の物流施設内にて、国内初となるヒアリ確認。同年 7 月 14 日横浜本牧ふ頭内で確認されたのち、全国の主要港湾で確認が相次ぐ。
2018	TPP11 加盟	アジア太平洋地域における広域経済連携協定として発効。
2020	新型コロナウイルス蔓延	4 月 7 日　東京、神奈川、埼玉、千葉、大阪、兵庫、福岡の 7 都道府県に緊急事態宣言発出。4 月 16 日緊急事態宣言の対象を全国に拡大。
2021	日本初の大水深岸壁のコンテナターミナル完成	4 月 1 日　横浜港南本牧ふ頭 MC-4 が供用開始。2015 年に完成した MC-3 と連続 900m、水深 18m の高規格バースが稼働。
2023	新型コロナウイルス5 類へ移行	5 月 8 日　新型コロナウイルスの感染法上の分類を、季節性インフルエンザと同じ 5 類へ引き下げることを決定。

（出所：横浜市港湾局「横浜港の歴史」）

2.2　ミナトの仕事と雇用形態の移り変わり

　働く人の安全を守る法規制が未整備であった頃のミナトでは、安全作業の判断は、永年の経験と実績に基づく仕事のやり方がすべてであった。本船速発を目指し、貨物を人の力で動かす肉体労働や昼夜にわたる連続作業など、ミナトで働く港湾人たちは多くの危険と隣り合わせのような仕事の仕方をしていた。

　人が企業を支え、人がミナトを支えている、という考え方は現在と同じであるが、当時の雇用形態は「常雇い」と「臨時日雇い」があり、実態としては後者の占める割合が高く、その多くの働き手を手配師（請負師）へ依頼し、調達していた。

　当時の港湾作業員は「沖仲士（おきなかし）」と呼ばれ、貨物を相手に潮風に晒されながらきつい肉体労働を行っていたことから、職業としての評判はあまり良くなかった。日雇い作業員の集め方は、早朝に手配師が駅前などにト

ラックを横付けし、荷台の上から仕事の内容と場所、日当などを連呼し、必要な人数を集めるとそのままトラックの荷台に乗せて作業現場へ向かうというものだった。手配師が集めた作業員を元請けは日給制で雇い、出面（でづら）は手配師へ一括して支払い、手配師が自分の取り分を差し引いて労働者へ分配するというのが当時の「ミナト」での慣習であった。桜木町駅前（旧横浜駅）には、日雇いの仕事を求めて1日1,000人もの労働者が集まっていた。

船会社　➡　元請　➡　手配師（請負師）　➡　小頭　➡　沖仲士

図 2.1　戦前戦後当時の港湾荷役業における雇い入れ形態

図 2.2　1960 年代当時の港湾荷役と路上での日雇い採用の風景

（出所：左 東京都港湾局「タイムスリップ 1960 年代の荷役風景」、右 近現在資料刊行会「路上の日雇い採用風景」）

（1）港湾で働く人

　港湾で働く人の呼称（通称）は、時流の変化とともに図 2.3 のとおりに推移していった。これらの呼称の一部は差別表現とみなされる場合があるが、本書では歴史的呼称として用いる。

①沖仲士、②プー太郎（風太郎）、③ニコヨン　➡　港湾労働者（作業員）　➡　港湾技能者（技能員）　➡　港湾人

図 2.3　港湾で働く人の呼称

①　沖仲士

1965（昭和 40）年頃までは船舶が接岸できる施設が少なく、多くの船は沖

に停泊し、貨物は艀に積み替えて陸（オカ）との間を運送されていた。こうした沖の本船や艀の中で貨物の積卸し作業に従事した人たちは、沖仲士（オキナカシ）といわれた。（沿岸作業員は陸仲士〈オカナカシ〉）

②　プー太郎

「風来坊」の風が訛って「プー」になったという説もあるが定かではない。一般的には会社や組織に属さず、いろいろなアルバイトなどをしながら生活している人を指す。横浜では桜木町駅近くに集まる日雇い労働者のことを呼んだ。その日暮らしで、風の吹くまま気ままに生活する様態からこの名が出たといわれ、最盛期には 3,000 人もいた。（現代用語の基礎知識 1973 年版）

③　ニコヨン

戦後間もない頃に雑貨荷役の賃金が 240 円で、百円札 2 枚（2 個）、10 円札 4 枚（4 個）の日当をもらう作業員のことをニコヨンと呼んだ。1950（昭和 25）年当時の大卒公務員の初任給は 4,223 円。ラーメン 20 円、コーヒー 25 円、牛乳 12 円、かけそば 15 円、銭湯 10 円の時代で、ミナトで 25 日間働いた場合は、大卒の給料を上回る高収入（6,000 円）を得ることができた。

世界に通じた港で外航船を相手に仕事をする「沖仲士」は、時代を経て「港湾技能者」「港湾人」などと呼ばれるようになった。その仕事は肉体労働から技能労働および頭脳労働へと移行し、貿易実務や物流全般、積載法、安全管理、荷役機器の知識と操作技能、法律・公的規制の知識、さらには外国語を巧みに使いこなさなければ務まらない高度な知識と情報処理能力を必要とする職業へと変貌していった。

2.3　ミナトから港へ　港の変遷

戦後間もない頃のミナトは港湾施設の整備が不十分で、本船荷役は沖でのブイ荷役が主流であった。戦争で壊滅的な被害を受けた日本の港湾は、荷役機材も甚大な損傷を受け不足し、残った機材を使うにも沖荷役では艀に載せて運搬しなければならず、必然的に沖荷役における貨物の取扱いは人力に頼ることが多かった。

1960 年代に入ると日本は高度成長期を迎え、貿易量も増大の一途となり、全国の港湾で取扱い能力を上回る貨物が押し寄せた。これより前の 1950 年代中

図2.4　船混み（1957年4月東京港芝浦泊地）（左）と芝浦ふ頭で荷役する本船と
沖待ちの様子（右）

（出所：東京都港湾振興協会「東京港埋立のあゆみ」）

頃より「船混み」が徐々に現れ、港湾物流の脆弱さが大きな社会問題としてク
ローズアップされた。港外では岸壁やブイに係留できない本船が数日間（平均
70〜94時間：運輸省1964年調査）沖待ちし、陸側でも保管場所は常に満床状
態で、屋根のない蔵置場にシートをかけて貨物を保管する光景が常態化してい
た。

　港湾での船混み問題に対して、日本政府は「港湾整備五カ年計画」（1961〜
1965年）」を決定し、港湾施設の整備と港湾運送事業の改善（事業の集約化お
よび荷役運賃の適正化）などを進めようとした。（「港湾運送事業の改善につい
て答申（三・三答申）」。）結果的に政府の試みは業界からの反発とその後のコ
ンテナ化への対応に追われ、港湾施設の整備以外の構想は進まなかった。

　1967年に神戸港の摩耶ふ頭に日本初となるコンテナ専用ターミナルが完成
し、同年9月に米国マトソン社のコンテナ船が同港へ初入港した。

　また1970年には、川崎汽船が建造した世界初となる自動車専用船「第十と
よた丸」が名古屋港へ初入港し、日本の港湾は近代の歴史の中で最も大きな激
動と変化の時代を迎えることとなった。船混みの状況下では労働者不足が深刻
な問題となっていたが、コンテナ船を代表とする革新船の出現と貨物のユニッ
トロード化によって、作業効率は飛躍的に高まった。

　革新船荷役による作業能率の高度化は、労働供給性、労働集約性という特性
を持つ港湾の作業形態に大きな影響を与え、労働者の職域確保を危うくすると

図 2.5　日本初のコンテナ荷役の様子
マトソン社「HAWAIIAN PLANTER」（左）とシーランド社「SAN JUAN」（右）
（出所：左 神戸開港 150 年「コンテナ化時代の到来」、右 横浜港史「コンテナ船の初寄港」）

図 2.6　日本初の自動車専用船「第十とよた丸」（左）とセンターランプを使用した RORO 方式（右）
（出所：川崎汽船）

いう恐れを労働者側へ抱かせる結果となった。これにより、港湾運送の秩序維持を目的とし、就業体制の保持と港湾で働く労働者の雇用安定などを図っていくための労使協議会（事前協議制度）が 1979 年に発足した。

　コンテナターミナルでは、ヤード作業と本船荷役作業のオペレーションは一体となって行われ、自動車船荷役や RORO 船荷役においても、沿岸から艙内へ走り込んでいく車両は同じドライバーが運転するなど、沿岸と船内の荷役は一連の流れとして途切れなく作業が行われるようになった。

　コンテナに代表される革新船荷役の作業体制に対応するため、1984 年に港湾運送事業法が改正され、それまでの「2 種　船内荷役事業」「4 種　沿岸荷役事業」を統合し「2 種　港湾荷役事業」が新設された。

図2.7　コンテナヤード（左）と自動車専用船（右）

（出所：左 東京都港湾局HP「大井ふ頭」、右 川崎汽船　自動車専用船「HAWAIIAN HIGHWAY」、ダイトーコーポレーションHP　私たちの10の事業　荷役作業「自動車船荷役」）

荷役機器の発達と船舶側の積載方法、貨物の固定・固縛方式の進歩などにより、人が肉体労働で疲労困憊するという作業は減少した。コンテナ船荷役、自動車船荷役などの作業方法は、各社で独自のノウハウは残しながらも大きく異なることなく、共通化が進んでいった。

同じ規格のコンテナを同じ荷役機器で取り扱い、船型が変わらない船で荷役する場合、またRORO船、自動車船において同じメーカー、同じ車種の車両を船型がさほど変わらない船で揚げ積みする場合など、積載方法、貨物の固定・固縛の方法も変わらなければ、各社による作業の仕方は大きく異なることはない。

コンテナターミナルでの複数企業による共同作業や統一された作業基準の導入なども、作業方法の共通化を深化させていった要因といえる。

荷役方法の変遷と重なるように、港湾での雇用形態も時代とともに正規雇用の割合が高まり、作業量の波動性に合わせて登録証を持つ臨時雇いの制度が確立されていった。

■ コラム ■ 「ミナト」「港」「港湾」「みなと」

1 「ミナト」「港」「港湾」「みなと」の違い

ミナト：港とともに生きてきた人達が親しみを持って表現する場合。（ミナトのおやじ、ミナトで働く人、ミナト食堂、ミナト会館など）

港　　：港そのものの存在を表現する場合。（私たちの港、横浜の港、港町、港の風景、最北端の港）

港湾　：港の機能や経済活動などを含む場合。（港湾産業、港湾運営、港湾物流、港湾建設、港湾運送事業）

みなと：港に関係する場所や施設、人などの名前の前に置き、イメージを浮かび上がらせたい場合。（横浜みなとみらい21、港区みなと科学館）

2 港を表す漢字（明治以降、港湾法の制定後に「港湾」を使用するようになった）

湊（みなと）　：氵（ミズ）＋奏（ソウ：供え物を集めて神様へ差し出す）。多くのもの（船）が集まる場所を指す。供え物を集めて神前に手向ける意味から「ある方向に向けて集まる場所」を表す。

水門（みなと）：古事記や日本書紀には、港は「水門」と表記されている。川や海などの水の出入り口を指し、海が陸地に入り込んで船の停泊に適した場所をいうようになった。

泊（とまり）　：氵（ミズ）＋白（ハク：動きを止める）。船が停まるところ、船付き場。泊は「水の浅いこと」を表す。船が岸に着きやすいという意味。

津（つ）　　　：氵（ミズ）＋聿（イツ：進むという気持ち）。古代中国の文字で淮（わい）という文字と舟とを組み合わせた文字があり、それが津と同じ音であったため、渡し場、船着

　　　　　　　　　き場という意味で使われた。

浦（うら）　：氵（ミズ）＋甫（ホ）。陸地が湾曲して湖海が陸地の中に
　　　　　　　　入り込んでいる地形を指し、前近代において湖岸・海岸
　　　　　　　　の集落（漁村・港町）を指す語として用いられていた。

港（みなと）：氵（ミズ）＋巷（コウ、チマタ：町や村の通路）。船が通
　　　　　　　　る水路の意味。巷は人が大勢集まっている賑やかな通り
　　　　　　　　を意味する。

「全国津々浦々」という言葉は「小さな港や河岸に至るまで全国各地のあら
ゆるところ」を指し、「津」は港、「浦」は入り江や海岸を意味する。「あ
らゆる港、あらゆる入江、あらゆる海岸」という謂れから転じて「全国の
隅々にまで至ること」を表す。

【参考文献】
1) 横浜市港湾局（2021）、「横浜港の歴史（変遷図、年表）」
2) 東京都港湾局、「東京港75周年企画　タイムスリップ1960年代の荷役風景」
3) 近現在資料刊行会、「昭和期の都市労働者」
4) 横浜税関　横浜港史、「コンテナ船の初寄港」
5) 東京都港湾振興協会（2008）、「東京港埋立のあゆみ」
6) 神戸開港150年記念事業実行委員会（2018）、「神戸開港150年のあゆみ」、「神戸港関連歴史略年間」
7) 川崎汽船　事業の歴史（1968）、「自動車船運搬船　第十とよた丸」
8) ダイトーコーポレーションHP、私たちの10の事業　荷役作業「自動車船荷役」（2024.3.21閲覧）
9) 東京都港湾局、「大井ふ頭」
10) 川崎汽船　自動車専用船、「HAWAIIAN HIGHWAY」

第3章　港湾・物流企業で働く若手社員の現状

　港湾・物流業界はもちろん、あらゆる業界で、若手社員の定着・活躍が期待されている。本章では、筆者が港湾・物流企業 19 社（従業員数 100 人以上）の入社 10 年以内の社員に実施した質問紙調査とインタビュー調査の結果をもとに、港湾・物流企業で働く若手社員の現状について詳しく見ていきたい。

3.1　質問紙（アンケート）による調査の概要

(1) 調査対象および質問項目

　従業員 100 人以上の港湾・物流企業における入社 10 年以内の社員、主に港湾人材育成機関の卒業生が就職した港湾・物流企業 19 社の人事担当者にアンケートの趣旨を説明し協力していただいた。最終的には、272 名の有効回答を得た（表 3.1 参照）。調査対象および質問の項目については以下のとおりである。

　① 調査対象者

表 3.1　質問紙調査対象者一覧

	港湾・物流企業	回答数 （人）	有効回答数 （人）	無効回答数 （人）
1	A 社	22	22	0
2	B 社	33	33	0
3	C 社	59	56	3
4	D 社	27	26	1
5	E 社	19	19	0
6	F 社	21	20	1
7	G 社	32	32	0
8	H 社	49	49	0
9	I 社	3	3	0
10	J 社	2	2	0
11	K 社	2	2	0
12	L 社	1	1	0
13	M 社	1	1	0
14	N 社	1	1	0
15	O 社	1	1	0
16	P 社	1	1	0
17	Q 社	1	1	0
18	R 社	1	1	0
19	S 社	1	1	0
		277	272	5

②　質問項目

表 3.2　質問項目とその内容

	質問項目	内　　容
1	属　　性	年齢、勤続年数、性別、親との同居、出生順位、異動の有無
2	学歴区分	大学院卒以上、大学卒、短大卒、専門学校卒、高等学校卒
3	職　　種	総合職、一般事務職、作業職、その他
4	内定希望順位	第1志望、第2志望、第3志望、第4志望以下
5	勤　務　地	地元就職型、Uターン型*1、他出型、Jターン型*2、Iターン型*3
6	転職経験	なし、あり
7	志望理由	自分の意志、周囲の勧めでとりあえず、やむをえず、その他

・とりあえず正社員になりたいという意識はあったか？（5件法）
　注1：全サンプルのうち「⑤かなりあった」「④少しあった」のいずれかを回答した者を「と
　　　　りあえず志向層予備軍」として抽出し、主にこのデータを用いるが、コホート*4別比
　　　　較のため「①まったくなかった」「②ほとんどなかった」「③どちらでもない」のいず
　　　　れかを回答した「非とりあえず志向層予備軍」のデータも補完的に使用する予定。
・志望企業は、自分の意志というより周囲の勧めで決めたか？（5件法）
　注2：上記予備軍のうち、この質問に対して「⑤かなりあった」「④少しあった」のいずれか
　　　　を回答した者を「とりあえず志向層」とした。
・学校で受けてきたキャリア教育の内容（キャリア形成支援関連の授業、キャリアカウンセリ
　ング、就業体験・インターンシップ（期間、内容等）、その他）（自由記述）
・現在の仕事に満足しているか？（5件法）
　注3：「⑤かなり満足している」「④まあまあ満足している」のいずれかを回答した者を「就
　　　　業満足者」として抽出し、主にこのデータを用いるが、コホート別比較のため「①まっ
　　　　たく満足していない」「②あまり満足していない」「③どちらでもない」のいずれかを
　　　　回答した「非就業満足者」のデータも補完的に使用する。
・現在の仕事に満足している理由は何か？（人に役立てる仕事ができる、社会に貢献できる、
　地域に役立っている、安定している、待遇が良い、福利厚生が良い、人間関係が良い（上
　司・同僚・対顧客・対取引先）、学校の先輩がいる、残業が少ない、通勤時間が短い、専門
　知識やスキルを活かせる、挑戦できる、やりがいがある、その他）
　注4：社会貢献志向か、安定志向か、ワークライフバランス志向か、挑戦志向か、専門性志
　　　　向か等キャリア・アンカーの志向性にもとづいて質問する。
・就業意識（仕事内容満足、待遇満足、職場環境満足、やりがい）
・職業キャリア意識（職業人生決定感、就業安定実感、将来ビジョン、将来見通し）
・その他

　*1：「Uターン型」とは、地方から都市部へ移住した者が再び地方の生まれ故郷に戻ること。
　*2：「Jターン型」とは、地方から都市部へ移住し、就職後故郷の近くに戻ること。
　*3：「Iターン型」とは、出身とは別の地方に移住すること。
　*4：「コホート」とは、共通因子を持った集合体のことで、「コホート分析」は、ユーザーを
　　　　属性や条件でグループ分けをして、動向を分析する手法のこと。

（2）若手社員への調査結果

　調査結果について、気になった点を中心に以下のとおり見ていく。特に、全体と比較して港湾カレッジのような港湾人材育成機関の卒業生の回答結果に違いのある点に着目した。

①　就職活動時の志望順位（図 3.1）

　全体では、第1志望が71％、第2志望が14％となった。入社10年以内の社員（うち、3年以内が51％と約半数を占める）の85％が志望どおりの会社に入社していることがわかる。

　一方、港湾人材育成機関の卒業生の場合は、第1志望が86％、第2志望8％で、入社10年以内の社員の94％が志望どおりの会社に入社したことになる。

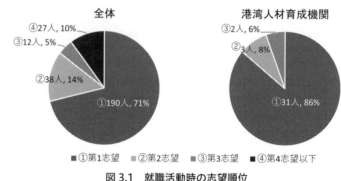

図 3.1　就職活動時の志望順位

（左：全体　N＝267 人、右：港湾人材育成機関　N＝36 人）

②　志望理由（図 3.2）

　全体では、「すべて自分の意志」が56％と一番多く、次に「周囲の勧めを参考に決めた」が29％となり、両方で85％となった。また、「とりあえず」志向での就職は、13％（37 人）であった。

　一方、港湾人材育成機関の卒業生の場合は、「すべて自分の意志」が23％と全体より少ない。「周囲の勧めを参考に決めた」が74％と一番多く、「とりあえず」志向での就職は1名（3％）であった。自分の意志で就職先を決めるより、周囲の親や先生の勧めを参考にして決めたことが示された。

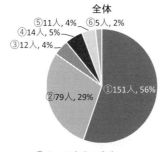
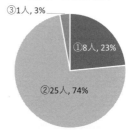

■①すべて自分の意志　　　　　　　　　■②周囲の勧めを参考にして決めた
■③周囲の勧めでとりあえず　　　　　　■④とりあえず正社員になりたかった
■⑤ほかに内定企業がなくてやむをえず　■⑥その他

図 3.2　就職活動時の志望理由
（左：全体　N＝272 人、右：港湾人材育成機関　N＝34 人）

③　現在の仕事への満足度（図 3.3）

　全体では、総合職が 49％と約半数を占め、次に作業職が 29％、事務職が 19％だった。仕事への満足度は、「かなり満足している」が 14％、「まあまあ満足している」が 56％と、70％が「満足している」という結果となった。

　一方、港湾人材育成機関の卒業生の場合は、仕事への満足度は、「かなり満足している」が 20％、「まあまあ満足している」が 63％と、83％が「満足している」という結果となり、全体より満足している割合が 13％高かった。

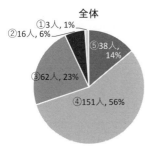

■⑤かなり満足している　　■④まあまあ満足している　　■③どちらでもない
■②あまり満足していない　　■①全く満足していない

図 3.3　現在の仕事への満足度
（左：全体　N＝270 人、右：港湾人材育成機関　N＝35 人）

④　満足している理由（図 3.4）

　全体では、「仕事に満足している」と回答した人の理由は、「安定している」が 20％と最も多く、次いで「人間関係が良い」が 11％、「社会に貢献できる」が 9％、「地域に役立っている」と「やりがいがある」が各 8％だった。また、「人に役立てる仕事ができる」（6％）、「社会に貢献できる」（9％）、「地域に役立っている」（8％）の 3 項目は合わせて 23％となり、社会貢献できていることが現在の仕事への満足感につながっているようである。

　一方、港湾人材育成機関の卒業生の場合は、「人に役立てる仕事ができる」が 14％（20 人）と最も多く、次いで「人間関係が良い」が 10％（15 人）、「地域に役立っている」が 9％（13 人）、「安定している」「やりがいがある」「待遇が良い」がそれぞれ 8％（12 人）であった。「人に役立てる仕事ができる」（14％）、「地域に役立っている」（9％）、「社会に貢献できる」（7％）の 3 項目で 30％となり、全体の 23％より高かった。こちらも、社会貢献できていることが現在の仕事への満足感によりつながっている。

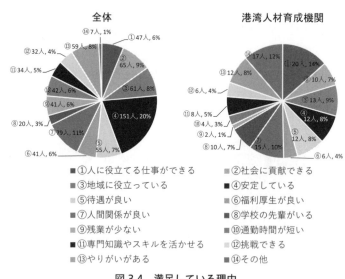

図 3.4　満足している理由
（左：全体　N＝734 人、右：港湾人材育成機関　N＝130 人）

⑤　辞めたいと思ったことがあるか（図3.5）

全体では、辞めたいと思ったことがある人は、47％と全体の半数近かったが、これは、港湾人材育成機関の卒業生と同じ結果となった。

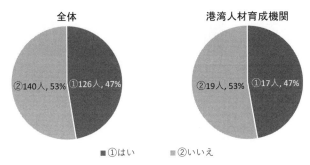

図 3.5　辞めたいと思ったことがあるか

（左：全体　Ｎ＝266 人、右：港湾人材育成機関　Ｎ＝36 人）

⑥　辞めたいと思った理由（図3.6）

全体では、辞めたいと思った理由は、「教育や研修を受ける機会がない」が19％、「その他」が16％、「人間関係がうまくいかなかった」が15％、「将来性がない」「やりがいがない」がともに11％、「残業が多い」が10％だった。

そのなかで、「すべて自分の意志で入社した」が 151 人いたにもかかわらず、「まったく満足していない」が 3 人、「あまり満足していない」が 7 人、「どちらともいえない」が 35 人となり、自分の意志で就職したが、「満足はしていない」が約 30％いることが明らかになった。

港湾人材育成機関の卒業生の場合は、「人間関係がうまくいかなかった」30％（7 人）、「残業が多い」が 22％（5 人）、「教育や研修を受ける機会がない」が 13％（3 人）だった。複数回答にもかかわらず、Ｎ＝23 と回答者が少なかったことから、辞めたいと考える深刻な理由が少なかったのかもしれない。

そのなかで、「周囲の勧めを参考に決めた」が 74％（25 人）と一番多かったにもかかわらず、仕事への満足度は、「かなり満足している」が 20％（7 人）、「まあまあ満足している」が 63％（22 人）と、83％（29 人）が「満足している」という結果となり、全体より満足している割合が 13％高かった。

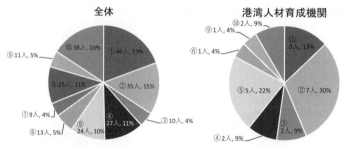

■①教育や研修を受ける機会がない
■②人間関係がうまくいかなかった（上司、同僚、部下、その他）
■③人や社会に役立っている充実感がなかった
■④将来性がない
■⑤残業が多い
■⑥通勤時間が長い
■⑦専門知識や資格が活かせない
■⑧やりがいがない
■⑨相談相手がいない
■⑩その他

図 3.6　辞めたいと思った理由
（左：全体　N＝238 人、右：港湾人材育成機関　N＝23 人）

　自分の意志にこだわって第 1 位志望で入社した場合、期待が大きい分、思い描いた仕事と異なるとショックも大きくなったのではないか、と推測できる。

　また、港湾人材育成機関の卒業生の場合は、『「とりあえず」志向で就職した』が 37 人いたが、「かなり満足している」が 2 人、「まあまあ満足している」が 17 人となっている。つまり、「とりあえず」志向で就職した人のうち、約半数の人が、現在の仕事に満足していることがうかがえる。この結果からも、必ずしも自分の意志で決めることを促すより、「周囲の意見やアドバイスを参考に」「とりあえず決める」ことの重要性がわかる。

　⑦　その他の辞めたいと思った理由（表 3.3）

　その他の辞めたい理由は表 3.3 のようになっている。港湾の現場では対象となる本船のスケジュールによって作業が決まるため予定を立てにくいなどのワークライフバランスの問題や、賃金への不満、精神的な負担が上位に挙がった。

表 3.3 辞めたいと思った理由（その他）

	港湾・物流企業	回答数	
1	金銭が少なくただ多い仕事に飽きた	給与が少ない（5人）	1
2	給料が少ない		
3	給与面での不安		
4	給与の低さ		
5	賃金の不満		
6	昭和的な社風、考えがいまだに残っている。社員を大切にしていないと思うことがある。セクハラ発言をする人がいる	ハラスメント（2人）	2
7	過度のパワハラで相談しても我慢してと言われたことが嫌だった		
8	終業時間が日によるため予定が立てづらい	ワークライフバランス（5人）	3
9	終業時間が日によるため、日々の予定が立てづらい		
10	ワークライフバランスを保つのが現場の仕事のため難しい		
11	最近親の介護を考えさせられることがあったので		
12	資格の勉強をしたい日に限って残業があった、覚えるペースが遅いので叱責されることが多い		
13	入社時に説明された業務内容と違ったので	ミスマッチ（3人）	4
14	事前に聞いた点と違うものがあるため		
15	希望している部署と違った		
16	業務体制の不公平さ	不公平さ（2人）	5
17	真面目に働いた人が損をするから		
18	研修を受ける機会はあるが、本質的な仕事内容のマニュアルがないので、忙しいときに何度も聞かなければならないなど無駄がある	マニュアルがない（2人）	6
19	きちんとしたマニュアルがなくて挫折しそうになりました		
20	別の世界を見たかった	他分野にチャレンジしたい（3人）	7
21	仕事に対する不安、不満は全くないが、全く違う業種の仕事にも魅力を感じ、いずれチャレンジしてみたいと思ったことがあるから		
22	他分野の仕事、営業やシステム作成の業務をやってみたかったため		
23	自分の能力不足を感じる	能力不足（2人）	8
24	誰にでもできる気がして専門に特化してない		
25	精神的に負荷が多い時期があったため	精神的負荷（5人）	9
26	この先同じ会社で働いている自分の姿を想像できなかった		
27	意地で続けていることだが、解決策らしいものもなく、いつか該当する職務を放棄するのではないかと思う		
28	1年目のGW明け		
29	職場での言葉遣い等が合わない（言葉遣いが乱暴なためと思われる）		

30	起床時間が早い	その他 （3 人）	10
31	経営者に魅力を感じない、ワンマン		
32	自社の株式が親会社 100％から他社の比率が加わり不安に感じたから		

3.2　インタビュー調査の概要

(1) インタビューの目的

　アンケートでは把握できない、入職後から今までのプロセス、継続できた理由、モチベーションへの転換を深く探ることである。

　人間の主観的視点とそれらが経験や出来事に与える意味に焦点を当てて、事柄、行為、出来事などの意味を志向する研究方法は質的研究の中でも大きな比重を占めるといわれる（フリック 2002）。

　本研究の目的は、日本の将来を担う若者が、変化の激しい現代社会において、学校卒業後に円滑に職業社会へ移行（School to Work Transition、以下 SWT）し、その後も継続的に働くことができる（And Continued、以下 &Cont.）ようなキャリアガイダンスのあり方を「とりあえず」志向という概念に着目しながら検討することである。特に、本研究は、「とりあえず」志向による就職の有効性を検証することに特徴がある。

　すなわち、一般的には「とりあえず」就職することは好ましくないと考えられているが実際はどうなのか、むしろ目標を持って第 1 志望で入社した学生が入社後も満足して活き活きと仕事をしているのかどうか、意外と「とりあえず」就職した学生の方が満足して仕事を継続しているのではないかという仮説を立てた。

　3.1 質問紙（アンケート）による調査結果を参考にしながら、「とりあえず志向」就職をした学生と「非とりあえず志向」就職をした学生を比較して「とりあえず志向」が職業キャリアに対する意識の形成にどのような影響を与えるのか、その関係性について、さらに検証することを目的とする。その結果新たに得られた知見をもとに今後のキャリアガイダンスのあり方について示唆するとともに、指導現場へも反映させることを目的とする。

(2) インタビューの方法

3.1 質問紙（アンケート）による調査結果から「とりあえず志向層」を抽出し、半構造化インタビュー調査[*1]を実施する。

① 上記質問紙（アンケート）による調査結果の「とりあえず志向層」を縦横の2軸に分けてセダグメンテーションした各グループのうち、就業満足度が高い、または職業キャリア形成が順調であるグループにインタビューを実施。

② インタビュー実施者にキャリア・アンカー[*2]のワークを実施し、その結果タイプと入職した企業風土および就業満足度に相関関係があるのか分析する。

(3) インタビューの調査対象

アンケートの回答者を「とりあえず就職」と「仕事の満足度」の2軸から4つのグループに分類（図3.7）して、インタビューの対象者とした。

このなかから、「とりあえず就職」かつ「仕事は満足」のAグループ該当者37名を抽出、そのうち8名に協力いただいた。しかしこれだけでは人数が足りないため、「とりあえず志向」の5ランクのうち、3〜5ランクを「とりあえず志向」就職としていたが、2ランクの回答者で仕事満足度が4〜5の回答者もその予備軍としてインタビューの対象者とした。

最終的には、「とりあえず就職かつ仕事満足型」8名、「とりあえず就職予備軍かつ仕事満足型」16名の合計24名のインタビューを実施した。

一方、対極にある「非とりあえず就職かつ仕事不満型」のBグループ該当者を46名抽出した。メインの対象者ではないものの、前節3.1の⑥の結果から、自分の意志で就職することが仕事満足度を低下させる可能性がある、ということが示唆されたため、6名にインタビューを実施した。インタビュー当時

[*1]：「半構造化インタビュー」とは、あらかじめ質問項目を定めておき、回答内容に応じてその心理を掘り下げていく調査手法。

[*2]：「キャリア・アンカー」とは、個人が人生において選択を迫られたときに、その人の拠り所として最も手放したくない欲求、価値観、能力のことで、その個人の自己概念の中心を示すもの（詳細は、3.4（1）および付録2 2.2（2）参照）。

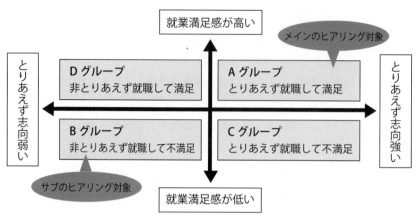

図 3.7　インタビュー対象者「とりあえず就職」「仕事の満足度」の分類

は新型コロナウイルスの感染拡大により、さまざまな抑制がされていた時期であり、対面のインタビューが難しい場合は、オンラインによるインタビューを実施した。インタビュー調査対象者一覧を表 3.4 に示す。

表 3.4　インタビュー調査対象者一覧（N＝30）

	性別	年齢	学歴	勤続年数	志望順位	現在の仕事	とりあえず志向（5 ランク）	仕事満足度（5 ランク）	とりあえずのイメージ	キャリア・アンカー
1	男	39	大	10 年	1	管理職	2	5	—	TF4.4 GM4.4
2	男	23	短大	4 年	1	事務職	2	4	0	SE7.2
3	男	36	大	10 年	1	管理職	2	5	—	GM5.8
4	男	28	大	8 年	3	事務職	1	3	—	LS5.0
5	男	27	大	4 年	1	事務職	3	4	0	GM5.6
6	男	31	高専	10 年	1	作業服	5	4	—	SE6.8
7	男	30	大	9 年	4	事務職	5	4	0	SE6.2
8	男	23	短大	4 年	1	事務職	2	4	0	SE6.4
9	男	22	短大	3 年	1	専門職	2	5	—	SE4.8
10	男	24	大	3 年	1	事務職	1	2	—	GM6.4
11	男	22	短大	4 年	1	作業職	2	4	—	TF6.6

12	男	23	短大	4年	1	事務職	3	4	＋	LS6.4
13	男	24	短大	3年	1	事務職	2	4	＋	AU7
14	女	23	短大	4年	1	事務職	2	5	やや＋	LS6.8
15	男	20	短大	1年	1	事務職	2	5	－	SV6.4
16	女	23	短大	4年	1	事務職	2	5	＋	SE5.8
17	男	30	短大	4年	1	管理職	2	5	－	－
18	男	24	短大	3年	1	専門職	2	4	0	LS4.8
19	男	21	短大	2年	1	専門職	2	5	＋	SE4.6 SV4.6
20	男	29	大	7年	4	事務職	4	5	＋	TF6.6
21	男	24	短大	4年	1	専門職	2	5	0	LS6.0
22	男	29	大	5年	1	作業職	1	3	0	LS6.0
23	男	38	短大 専門	7年	1	作業職	1	1	－	SE6.6
24	男	36	高	5年	1	作業職	2	5	やや＋	CH5.6
25	男	37	高	2年	1	作業職	4	5		LS7.0
26	男	38	専門	10年	4	作業職	1	2	－	LS6.6
27	男	38	高	10年	1	作業職	4	4	0	SE5.0
28	男	35	高	11年	－	作業職	4	4	－	SE7.8
29	男	31	大	10年	2	専門職	2	4	＋	TF5.0
30	女	27	大	7年	2	専門職	1	3	0	CH6.0

注1：学歴は、大：大学卒業、短大：短期大学卒業、高専：高等専門学校卒業、高：高等学校卒業、
　　　専門：専門学校卒業

注2：調査時期は、1〜9は2020年6月、10〜30は2020年7月

注3：インタビュー方法は、1〜18は対面、19〜30はオンラインなど

注4：キャリア・アンカーの分類は、付録2（表付2.3）参照

（4）インタビュー調査の結果

① 「とりあえず就職かつ仕事満足型A」と「非とりあえず就職かつ仕事不満型B」の頻出語

　逐語録から作成したデータにもとづいて、「とりあえず就職かつ仕事満足型A」（以下、Aグループ）と「非とりあえず就職かつ仕事不満型B」（以下、Bグループ）の頻出語リストを作成した（表3.5、表3.6）。

表 3.5　頻出語上位 50（A グループ）

順位	抽出語	出現回数	順位	抽出語	出現回数
1	仕事	138	26	行く	34
2	思う	135	27	時間	34
3	作業	85	28	理由	34
4	人	82	29	生写真	33
5	使う	72	30	月	32
6	自分	72	31	現場	32
7	とりあえず	66	32	コンテナ	31
8	年	64	33	倉庫	31
9	言う	61	34	良い	31
10	今	61	35	見る	30
11	関係	60	36	通関	30
12	人間	53	37	企業	28
13	上司	52	38	船	28
14	入る	52	39	プラン	27
15	多い	49	40	考える	27
16	カレッジ	43	41	違う	26
17	営業	41	42	授業	26
18	会社	41	43	必要	26
19	聞く	41	44	付ける	26
20	入社	40	45	満足	26
21	先輩	38	46	業務	25
22	一番	37	47	体験	24
23	辞める	36	48	残業	23
24	港湾	35	49	大変	23
25	気	34	50	言葉	22

表 3.6　頻出語上位 50（B グループ）

順位	抽出語	出現回数	順位	抽出語	出現回数
1	思う	22	26	一番	6
2	仕事	19	27	荷役	6
3	業務	15	28	高い	6
4	考える	15	29	使う	6
5	会社	14	30	辞める	6
6	今	13	31	授業	6
7	物流	13	32	多い	6
8	企業	12	33	体制	6
9	現場	12	34	内容	6
10	課長	11	35	入る	6
11	感じる	10	36	入社	6
12	自分	10	37	理由	6
13	上司	10	38	システム	5
14	年	10	39	英語	5
15	言う	9	40	頑張る	5
16	意識	8	41	業界	5
17	時間	8	42	顧客	5
18	時代	8	43	行く	5
19	所長	8	44	支店	5
20	正社員	8	45	失敗	5
21	営業	7	46	出す	5
22	関係	7	47	出る	5
23	港湾	7	48	書類	5
24	人	7	49	将来	5
25	船内	7	50	進める	5

　Aグループとβグループの頻出語を比較した結果、両方に共通する語は27語（54％）と半数以上だが、独自の頻出語に着目すると以下の気付きがあった。

　AとB両グループの上位10語の頻出語を比較すると、「仕事」「思う」が1位と2位のどちらかにリストアップされている。

　また、上位10語の頻出語の中で、Aグループは、「使う」「自分」「言う」など自己表現する名詞や動詞があるが、Bグループは「考える」「会社」「企業」「現場」「課長」など自分より会社や企業という名詞が頻出され、自己表現する動詞より考えるという動詞が上位にある。

　一方、「とりあえず」は、Aグループのみで、頻度は7番目と高い。また、「人間」「先輩」「良い」「満足」というBグループには出ていない語句が頻出されていることで、職場の人間関係に満足していることがうかがえる。

　Bグループは、「課長」（10番目）、「所長」（19番目）が頻出され、Aグループは、「先輩」（21番目）が頻出されている。このことから、Bグループが直属上司である課長や所長との人間関係に悩んでいることが推測される。

　また、Aグループは、「コンテナ」、「プラン」、「通関」などの専門用語の頻出が独自に目立つ。Bグループは、「物流」「時代」「感じる」「意識」、「頑張る」「システム」「業界」「顧客」「将来」「進める」などの頻出が見られ、業界全体の時代の動きに敏感であることがわかる。

　ただし、Aグループのインタビュー総数23人に対してBグループは6人のため、総抽出語数が22,881語に対して4,399語と人数対比26％より抽出語数対比は、19％と少ない。

②　共起ネットワーク分析の結果

　頻出語リストと同様、逐語録から作成したデータにもとづいて、A、B両グループの共起ネットワーク分析を行った（図3.8、図3.9）。

　共起分析は、文章内で関連する単語同士をデータから洗い出し、そのつながりを示す分析手法である。頻繁に出現する指定の言葉を見つけ、さらに一緒に使われている言葉を探し、線でつなぎ図で表現したものを共起ネットワークという。単語同士のつながりを可視化し、視覚的に理解を促せるため、人気の高いテキストマイニング手法である。

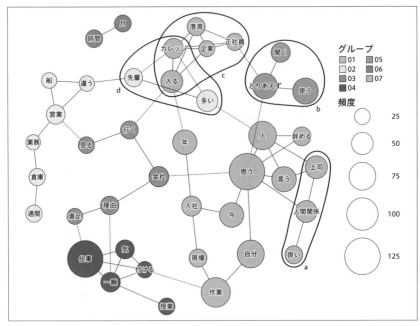

図3.8　共起ネットワーク（Aグループ）

　これは、インタビューの中で「どの語」と「どの語」が一緒に使われていたのかという共起に注目するもので、データ内にどのような主題が多く出現していたかを探った。円の大きさはインタビューの中で頻繁に使われた言葉ほど大きく表される。円と円を結ぶ線は、どの語とどの語が一緒に使われたかという共起を表している。

　Aグループは、図3.8により01〜07の7つのグループに分類された。まず、右下部分を見ると、「上司」「人間関係」「良い」という語がつながっており（a）、上司との人間関係が良好であることがわかる。右上部分を見ると、「とりあえず」「使う」「聞く」という語が集中している（b）。その左隣には、「正社員」「企業」「港湾」「カレッジ」「入る」が集中している（c）が、「とりあえず」と「正社員」は点線でつながっている。「とりあえず正社員として企業に入る」という志向が推察される。

　左上部分は、「先輩」「多い」が「カレッジ」の近くに点線でつながっており、港湾カレッジの先輩が社に多く在籍することが、仕事満足につながってい

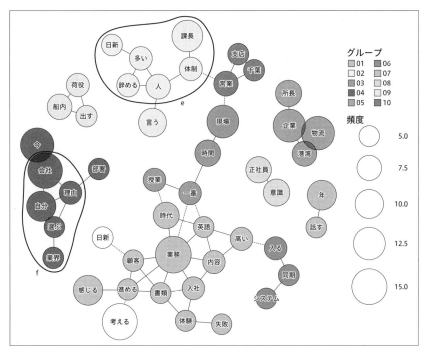

図 3.9 共起ネットワーク（B グループ）

る（d）ようである。

　一方、B グループは、図 3.9 により 01〜10 の 10 のグループに分類された。上部分では、「人」「辞める」「多い」「体制」「課長」が密接に関連しており（e）、離職者が多いことが推察される。左部分には、「自分」「選ぶ」「理由」「業界」「会社」が集中しており（f）、自分の意志で会社を選ぶ志向がうかがえる。

　このように、共起の言葉のネットワークからも、A グループはとりあえず正社員になりたくて企業に入社するが、先輩が多く、上司との人間関係は良好で会社に満足している様子が見えてくる。B グループは、自分で会社を選んで入社したが、辞める人が多いことがうかがえる。

（5）インタビュー逐語録からの示唆

　A、B 両グループのインタビューから、変化の激しい現代社会において、学校卒業後に円滑に職業社会へ移行（SWT）し、その後も継続的に働くことが

できる（&Cont.）ような「キャリアガイダンス」のあり方のヒントになる内容を一部紹介する。

　キャリアガイダンスとは、社会的・職業的自立に関する指導のことで、進路指導や職業指導が含まれる。

　「人材が定着しない」「入ってもすぐに辞めてしまう」「人手不足で困っている」といった悩みを持つ企業経営者や人事担当者に、辞めない企業風土を作り上げていくノウハウとヒントにしていただきたい。

　前述したとおり、筆者は、厚生労働省所管の大学校で学生に教育指導する傍ら、主に港湾・物流企業において研修講師として各企業の人材育成ニーズに沿ったオーダーメイドセミナーを 16 年以上実施している。その際、人事採用担当者から、「入社して期待していた社員が急に辞めてしまった」「何の前触れもなく急に出社しなくなった」「最近の若者は何を考えているのかわからない。聞いてもなかなか本音を答えてくれない」など、さまざまな悩みを聞く。

　そこで次節では、前述の港湾・物流企業 19 社の入社 10 年以内の社員に対して行った調査のうち、インタビューの結果の一部を紹介するとともに、そこから、社員が定着するヒントと離職する原因を掘り下げる。

3.3　インタビュー結果と社員定着のためのヒント

(1) とりあえず就職かつ仕事満足型（A グループ）の回答

　まずは、A グループのインタビュー結果から社員定着、すなわち離職防止につながるヒントになると思われる発言と内容を一部示す。

①　現場管理係長（大学卒、男性、入社 10 年目）

　「相談されやすい上司になるよう心がけている。普段から話しかけて、他愛もない話からコミュニケーションを取っている。」

　「『入社したら 3 年は頑張りなさい』と親や会社の先輩から言われてきたので、自分も後輩にそう言っている。実際、前職の運輸会社で 3 年ちょっと前に、急に作業効率が上がることがあった。2〜3 年継続すると急に効率が上がり、見える景色が違ってくると部下に話している。」

　「人を否定的に見ないよう心がけ、いいところを探すようにしている。嫌なところを見たらきりがない。」

「上司（部長）が現場とのコミュニケーションをよく取る人なので、自分も
　そうなりたいというロールモデルにしている。」

② 　現場労務管理事務（短期大学卒、男性、入社 4 年目）

「会社を辞めたいと思ったことがある理由として、最初のうちは、思うよう
　にならず、自分が役に立っているという充実感がなかった。」

③ 　経理事務係長（大学卒、入社 10 年目）

「9 年間でいろいろなことがあったが、失敗経験（修羅場経験）は 1 件。入
　社 3～4 年目に退職金の計算を間違えてしまった際、課長が謝罪してかばっ
　てくれた。大変ありがたく、また、信頼関係も強まった。」

④ 　営業事務係長（大学卒、男性、入社 9 年目）

「定期的に嫌なことを相談したり、こうしたほうがいいと話せる相談相手が
　必要。」

⑤ 　プランナー（短期大学卒、男性、入社 3 年目）

「先輩の言葉を糧に、3 年間は、辛くても辞めないで頑張ろうと思っていた。
　1 年半は大変だったが、その後は見えてくる景色が全然違う。仕事に対し
　ても面白さが違ってきた。」

⑥ 　作業職（短期大学卒、男性、入社 4 年目）

「何回も辞めたいと思ったことはある。理由は上司との人間関係。逆に仕事
　面では、大変なこともあるが、辞めたいと思ったことはない。」

⑦ 　通関事務（短期大学卒、男性、入社 4 年目）

「やりがいがある。一人でできると面白くなってくる。」

⑧ 　通関事務（短期大学卒、女性、入社 4 年目）

「満足している理由は、やりがいがあること。褒められたとき、やりがいを
　感じる。1 日の仕事の流れをつかんで独り立ちできてから、面白くなって
　きた。」

⑨ 　倉庫管理（短期大学卒、男性、入社 5 年目）

「離職を防ぐには、職場での自分の存在意義、自分が必要とされているとわ
　かることが重要。今の自分に照らしても、部署の人たちに必要とされてい
　る実感があり、自分も社内の人たちがいなければ仕事ができないと理解し
　ている。会社に必要とされ、顧客にも必要とされていることがわかれば、

　それに応えたいとの思いで頑張れる。」

(2) 非とりあえず就職かつ仕事不満型（Bグループ）の回答

　Bグループのインタビュー結果から社員定着、離職防止につながるヒントになると思われる発言・内容を一部示す。

①　通関現場管理（大学卒、男性、入社8年目）

「すべて自分の意志で入った会社だったが、今は満足でも不満足でもどちらでもない。やはり、頑張ったら、正当な評価をしてほしい。」

②　港湾作業管理事務（大学卒、男性、入社3年目）

「所長との人間関係に悩んでいる。3年目で慣れてきたが、直属となると厳しい。他の課の社員に対しては普通に接するが、こちらが質問しても、PCの画面を見たまま目を見て話さない。」

「20代から30代は、時代に合わない体制だと感じて辞めていく人はいる。現在の経営形態による将来性への不安、自分の考える5年後10年後のキャリアプラン通りに行かないのではないかという不安がある。」

③　国際物流管理（大学卒、女性、入社8年目）

「業務自体はやりがいがあり、顧客の要望に沿って物事を滞りなく進められたときは達成感がある。しかし、部署内の体制のあり方、仕事量の配分については改善点があると考えている。上司や先輩は改善点に対する意識が薄く、また物事を変えることに消極的であるため、どのように意識付けや提案をすべきか模索している。」

　以上のように、インタビューを何度も聞き返し、共通した内容をまとめた結果、次のことが示唆された。

①　Aグループは、人間関係は良好であり、辞めたい思ったことがあったとしても、他の面でストレス発散をしている。一方、Bグループは、自分の意志で第1志望の会社に入社したにもかかわらず、上司との人間関係や会社の取り組み姿勢、評価の体制などに不満をもっている。期待が大きかっただけに、現実とのギャップに落胆している傾向が見られる（キャリアショック）。

② 　Ａグループの中で、現在の仕事に「かなり満足している」と回答した人は、ほぼ 100％上司との人間関係が良好と答えた。

③ 　自分の存在意義、自分が必要とされていることがわかること、自分の居場所があることはやりがいにつながる。

④ 　インタビュー後に実施してもらった「キャリア・アンカー」にマッチした働き方ができていると満足度も高くなっている。

3.4　社員の定着のために

(1) キャリア・アンカーとは

3.2 (2) ②で記述した「キャリア・アンカー」とは、個人が選択を迫られたときに、「その人の拠り所として最も手放したくない欲求、価値観、能力」のことで、その個人の自己概念の中心を示すものである。個人のキャリアを「船」とすると、それを繋ぎ止める「錨」（アンカー）としての働きをする。すなわち、錨（キャリア・アンカー）が何であるかを知ることによって、錨でしっかり繋ぎ止めることができる。荒波が突然にやってきても沈没することなく安定した人生を送ることができるのである。自分の譲れない価値観や欲求を知ることで今後の進路の方向性を選択する上でのひとつの拠り所にできる。組織心理学や経営学の研究者シャインの理論に基づいたワークがある。40 項目の質問について、それらが自分自身にどの程度当てはまるかを、1〜6 の数字で記入する。点数が高いほど、その項目が自身によく合致するということを意味する。

たとえば、「私はある会社の社長になるのが夢だ」という項目であれば、「全くそう思わない」場合は「1」、「常に思う」場合は「6」を記入する。この質問票はコンピタンス（成果につながる有能さ）、動機、価値観について、回答者自身の考えを深めてもらうことを目的としている。質問にはできるだけ正直に、また素早く答えるようにし、どちらかの極に近いと強く感じる場合以外はあまり極端な点数をつけない方が良いとされている（使用したワークシートは、付録 2　2.2 自己理解ワーク（2）を参照）。

具体的には、以下の 8 つのキャリア・アンカーがある（シャイン　1978, 1990）。

① 　専門コンピタンス〔TF：Technical/Functional Competence〕

② 　経営管理コンピタンス〔GM：General Managerial Competence〕

③　自主・独立性〔AU：Autonomy/Independence〕

④　保障・安定性〔SE：Security/Stability〕

⑤　起業家的創造性〔EC：Entrepreneurial Creativity〕

⑥　奉仕・社会貢献〔SV：Service/Dedication to a Cause〕

⑦　チャレンジ〔CH：Pure Challenge〕

⑧　生活第一〔LS：Lifestyle〕。

(2) キャリア・アンカーと研修の成果

　では、上司と部下の人間関係を良好にして、社員の定着率をアップするにはどうしたらいいのか。

　筆者は、A 社において、全国の営業所長約 30 名対象の研修を毎月 1 回、半年間実施した。その結果、人間関係が理由で離職した社員がゼロになったという。研修後の追跡アンケート調査によると、回答した 23 名（回収率 77％）のうち、ほとんど全員が、実施した研修内容（ワークや指導法等）を研修後に部下に対して活用したことがわかった。そこで、A 社で実施した研修の受講者の声を一部紹介する。

　「まずは、自分を知って自己理解を深めることが、コミュニケーションに不可欠であることがわかった。」

　「キャリア・アンカーとエゴグラム[*1]を実施し、自分と部下の価値観・性格を知り、他人軸で考えることでコミュニケーション力がアップした。」

　「『人事評価の基本的な考え方』や『フィードバック面談』は、考課を行う際に常に目を通し、考え方を整理するために利用している。」

　「面談の際にコーチング[*2]の技術を意識して行った。その結果、1 時間程度の会話になりコミュニケーションアップにつながった。」

　「部下との接し方、部署運営の在り方を学んだ。中期計画を確実に進め、会社を発展させていきたい。」

[*1]：「エゴグラム」とは、交流分析という心理療法で使われる性格分析で、5 つの自我状態が図表化される。（エゴ（自分）＋グラム（図表））

[*2]：「コーチング」とは、相手の能力や気力を引き出し、自己成長や自発的な行動を促す相手の内面にある答えを引き出す目標達成の手法。

「部下との面談の際に、研修で学んだことを実践することで、お互いに本音
　で話ができ今まで以上に有意義な面談ができた。」
「コミュニケーションとは、受け手側によって決まることが実感できた。」
「モチベーションアップを考える上で、部下の意欲づけは参考になった。」
「SWOT 分析*3 を活用して、今後の営業情報を部下と話している。」
「部下への対応に少し課題のある者に、研修で学んだことを話したところ課
　題解決の糸口をつかめた。」

　このように、人間関係構築のための共通したキーワードは、「自分を知る」、
「他人軸で考える」、「相手を知る」、「コミュニケーションは受け手次第」、「価
値観」、「性格」、「キャリア・アンカー」、「エゴグラム」、「コーチング」、「SWOT
分析」などとなる。

　参考までに、この成功事例をベースにして、毎年夏休みと春休みに学習院大
学の「さくらアカデミー」において公開講座を実施している。年 4 回実施する
テーマのひとつが、「人間関係を円滑にするためのテクニック―自己理解から他
者理解を深めよう」となっている。部下を持つ管理職にお勧めの内容である。

　今の 40 代後半以降の管理職の時代は、学校で「キャリア教育」の授業がな
かったため、自己理解をする機会がないまま社会に出ることを余儀なくされた
人が少なくなかった。まずは、自分を知って、その上で自分が無意識に発信し
ている空気に気付くことによって、相手がどのように自分を受け止めているの
かを知ることが肝心だと思われる。そのため、本講座では、いくつかの自己理
解ワークを実施し、ペアワークを通じて自分の知らない自分に気付くことに
よって自己理解を深める。その結果、相手を知り、他者理解も深まることに
よって他人軸で考えられるようになる。「コミュニケーションの基本は、相手
の立場に立つ努力」である。すなわち、「年齢、生まれ育った環境、今までの
キャリアや職場も違う人に対して、誤解が生じないように、物事をわかりやす
く説明するにはどうすればいいか、相手の置かれている立場を想像する力」と
もいえるだろう。職場での人間関係、特に、上司と部下のコミュニケーション
や信頼関係構築でお困りの方は、ぜひ本講座の受講をお勧めしたい。

---

*3：「SWOT 分析」とは、自社をとりまく内部環境（強み・弱み）、外部環境（機会・
　脅威）を分析し、現在の問題点や将来に向けた改善策を発見するフレームワーク。

（3）調査結果のまとめと考察

　前述の質問紙調査とインタビュー調査の結果、とりあえず就職したが、入職後仕事に満足している理由と、非とりあえず就職したが、入職後仕事に満足していない理由を、以下のとおりにまとめる。

① 　A、B両グループの上位10語の頻出語を比較すると、「仕事」「思う」が1位と2位のどちらかにリストアップされている。上位10語の頻出語の中で、Aグループは、「使う」「自分」「言う」など自己表現を行う語句があるが、Bグループは、「考える」「会社」「企業」「現場」「課長」など自分より会社や企業という名詞が頻出され、自己表現する動詞より考えるという動詞が上位にある。

　　「とりあえず」は、Aグループのみで、頻度は7番目と高い。また、「人間」「先輩」「良い」「満足」というBグループには出ていない語句が頻出され、インタビューから人間関係に満足していることがうかがえる。

② 　Bグループは、「課長」（10番目）、「所長」（19番目）が頻出され、Aグループは、「先輩」（21番目）が頻出されている。Bグループが直属上司である課長や所長との人間関係に悩んでいることが推測される。

　以上のことから、Aグループは「人間関係が良好で、自分を表現する言葉が頻出され、自己開示しながら上司との信頼関係を構築している」様子がうかがえる。一方、Bグループは、会社や企業、課長、所長などの自分以外の会社側の名詞が頻出しており、「考える、感じる、など周囲に気を使いながら仕事をしている」ことが示唆された。

　次に、KH Corder[4]（樋口 2012）による共起ネットワーク分析では、以下の内容が示唆された。

① 　Aグループ

　1） 　7つのグループに分類、「上司」「人間関係」「良い」という語が一緒に使われていることが示された。その結果、上司との人間関係が良好であることが推察された。

---

[4]：テキスト型データの計量的分析またはテキストマイニングのためのフリーソフトウェア。アンケートの自由記述、インタビュー記録、新聞記事など、さまざまなテキストの分析に使用できる。立命館大学の樋口耕一教授が作成した。

2）「とりあえず」「使う」「聞く」という語句が共起ネットワーク分析上、集中しており、その左隣には、「正社員」「企業」「港湾」「カレッジ」「入る」が集中しており、「とりあえず」と「正社員」は点線でつながっている。「とりあえず正社員として企業に入る」という志向が推察される。

3）「先輩」「多い」が「カレッジ」の近くに点線でつながっており、港湾カレッジの先輩が多いことが、仕事満足につながっているようである。

② Ｂグループ

1）10 のグループに分類。「人」「辞める」「多い」「体制」「課長」が密接に関連しており、一緒に使われていることから、離職者が多いことが推察される。

2）「自分」「選ぶ」「理由」「業界」「会社」が集中しており、一緒に使われていることから、自分の意志で会社を選ぶ志向がうかがえる。

以上の調査結果からの考察を図 3.10 に示す。

このように、入職後も継続的に働くことができる（&Cont.）キャリアガイダンスについては、上司との人間関係が重要であることが検証された。

「とりあえず志向」就職した人は、上司との人間関係が良好であり、一方、「非とりあえず」就職した人は悩んでいる姿が浮き彫りになった。「とりあえず」は、まだマイナスイメージを持っている人が少なくないが、プラスイメージを持って、前向きにとらえている人もいることもわかった。

そのため、学校のキャリアガイダンスの現場においては、自分の意志にこだ

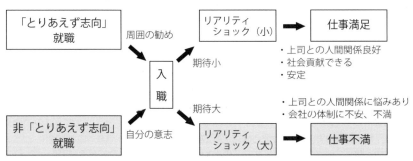

図 3.10　とりあえず・非とりあえず志向による入職から、その後のキャリア形成プロセス

（出所：筆者作成）

わって「自己理解」を強調しすぎるのではなく、変化の激しい時代には何が起こるかわからないことを前提とした柔軟な対応が必要である。むしろ、変化する社会に焦点をあてたキャリアガイダンスにシフトするべきだろう。教育現場における港湾人材育成の取組みは、第 7 章で述べる。

　また、企業のキャリアガイダンスの現場においては、**離職者を減らすためには、まず部下を持つ管理職の教育が不可欠である**。

【参考文献】

1)　エドガー・H. シャイン、金井壽宏訳（2003）、『キャリア・アンカー〜自分のほんとうの価値を発見しよう』、白桃書房

2)　花田光世（2013）、「働く居場所の作り方」、日本経済新聞出版

3)　花田光世・宮地夕紀子・森谷一経・小山健太（2011）、「高等教育機関におけるキャリア教育の諸問題」、Keio SFC Journal、11 巻 2 号、pp.73-85

4)　樋口耕一（2017）、「計量テキスト分析および KH Corder の利用状況と展望」、社会学評論、68 巻 3 号

5)　小山健太（2014）、『日本企業で働く社員の「学校から仕事への移行」〜プロセスにおけるキャリア論の構築』博士論文

6)　溝上慎一（2012）、「学生の学びと成長」、京都大学高等教育開発センター編、『生成する大学教育学』、ナカニシヤ出版、pp.119-145

7)　中嶌剛（2013）、「とりあえず志向と初期キャリア形成〜地方公務員への入職行動の分析」、日本労働研究雑誌、623、pp.12-20

8)　中嶌剛（2013）、「進路選択における潜在意識の研究：大学生の自由記述回答の分析」、千葉経済論叢、pp.23-39

9)　永作稔（2013）、「大学 2 年生に対するキャリア教育科目の効果測定Ⅲ〜対照群との比較検討〜」、『日本教育心理学会』発表

10)　長塚美恵（2000）、「副詞『とりあえず』について」、外国語学会誌（大東文化大学）、第 29 号、pp.91-102

11)　奥田美都子（2007）、「CS 向上と就職率 100％を目指したプロセス管理—アビリティガーデンにおける就職支援の施行実施報告—」、技能と技術、Vol.42、p.2-12

12)　奥田美都子（2008）、「キャリア形成支援に関する取り組み：就職率 100％　2 回連続達成の要因を探る—ワン・トゥ・ワンマーケティングによる CS 向上とプロセス管理の徹底による実施報告—」、技能と技術、Vol.43、p.41-47

13)　奥田美都子（2009）、「マーケティング発想を取り入れたモチベーションアップの"やる気"創出指導法」、職業能力開発研究、第 27 巻、pp.37-53

14)　奥田美都子（2010）、「マーケティングの発想を活かしたキャリア形成支援の取り組み」、インターンシップ研究年報、第 13 号、pp.37-44

15)　奥田美都子（2019）、「港湾物流企業における社員定着（離職防止）」、日本海事新聞

第4章　活躍する港湾人材

　港湾カレッジなどの港湾人材育成機関で学んだ卒業生たちは、入社した会社でどのように活躍しているのだろうか。活躍の評判が高い卒業生の一部にヒアリングした結果をもとに、その活躍の状況と、企業内部における人材育成のプロセスについて紹介する。ヒアリングの内容は以下の表のとおりである。

Q	ヒアリングの内容
1	現在所属している会社に入社した理由は何でしたか。また、自分の意志で最終的に決定しましたか？　周囲の人の勧めで決めましたか。 （入社当時の状況をできるだけ詳しく書いてください）
2	入社してから今までの仕事の内容を記入してください。
3	現在の仕事の満足度で該当する箇所に○をつけてください。 （満足・不満・どちらでもない） その理由は何ですか。
4	入社してから今までの失敗経験を記入してください。 （具体的に、その失敗経験から学んだことは？　修羅場を経験したか？）
5	入社してから今までの成功体験を記入してください。 （上司や周囲から褒められたり、感謝されたり、達成感があったことなど）
6	上司はどんな人ですか。人間関係は良好ですか。そのために気を付けていることは何ですか。
7	部下は何人いますか。人間関係は良好ですか。そのために気を付けていることは何ですか？
8	ロールモデルにしたいと考えている上司や周囲の方はいらっしゃいますか。 （はい・いいえ） 「はい」の場合、その理由は何ですか。
9	入社してから今までに、自分が一番成長したと感じた経験は何でしたか。特に、上司から言われたことで印象に残っていることがありますか。
10	学生時代の授業科目で一番印象に残っている内容は何ですか？（特に、その中で現在の仕事に役立っている科目は何ですか？）また、授業科目として加えてほしい科目があれば記入してください。
11	港湾・物流業界における人材育成について、何が重要だと考えていますか。 自分がやる気になった動機・経験や、管理する立場になった人は、部下がどういうときにやる気を出して成長したのかなど今までの経験をふまえて自由にお書きください。

4.1　港湾人材へヒアリング

　学校での成績が優秀だった学生が、社会に出て活躍しているかというと必ずしもそうではない。むしろ、学生時代の成績はそれほど優秀ではなかったが、港湾・物流企業に入社してから頭角をあらわして活躍している人が少なくない。成績より、コミュニケーション能力や周囲を巻き込む力が優れていたり、性格が良くて周囲から可愛がられる人柄、真面目にコツコツ取り組み面倒見の良い人柄など、活躍の度合いはその人の個性や取組み姿勢によるところが大きい。これは、4 年制大学の場合も同様だと思われる。

　本章では、港湾カレッジ卒業後に入社した企業において、当該企業の人事担当者や卒業生の先輩たちから、「活躍している」「頑張っている」と報告を受けた人の中からヒアリングに応じてくれた事例を紹介する。

① **海務監督、男性、26 歳、入社 6 年目**

人物の概要：自分の意見をしっかり主張し、コミュニケーション能力のある学生だった。英語は苦手のようだったが、卒業論文への取組み姿勢は素晴らしく、アドバイスをすると国会図書館まで足を運んで調べるなど、素直な性格で、即実践する行動力もあった。当時から体力をつけることに余念がなく、港湾・物流企業で働くためには、「体力が第一」と覚悟しており、毎日腹筋、腕立て伏せ、スクワットを 100 回やっていると聞いて、その実行力に驚いた記憶がある。ヒアリング結果は以下のとおりである。

Q1　きっかけは知人（業界人）の紹介で、自身でも業界研究を行い、最終的には数社の候補から決めた。老舗としてのネームバリューと、それに恥じない物流拠点や、確かな実績があったことが入社への大きな理由となった。

Q2　入社以来より、コンテナ船のコンテナ積載計画者（プランナー）および、現場監督（フォアマン／海務監督）業務を行っている。プランナー業務は、本船のコンディションを第一とし、ウェイトバランス等を考慮したコンテナの積付けを計画することが原則である。まず本船の船型も多種多様であるため、該当本船の特徴は常に把握してなければいけない。さらに、積載するコンテナの特殊性（危険品等）によっては専門的な知識を必要とする場合

もある。積付け位置の決定後は、作業手順（ガントリークレーンの動き）の設定を行う。安全性はもちろんだが、最も作業効率の良い手順を組むことが基本である。

　上記の段階を踏まえた上で、最終的には本船一等航海士（C/O）にプランの承認を取る。本船側の要望もさまざまであるため、折り合いがつくまで繰り返し交渉を続ける。無事にプランの承認が得られれば、最終確認とともにプランの仕上げを行い、現場への配布に移る。

　プランナーとしては、他にも取扱い船会社とのやり取りの中で、本船スケジュール調整を業務として求められる。内容としては、こちらから提示できる作業手配（ギャング数／機材数）をもとに、いかに船会社が希望するスケジュール要望に応えられるかなどである。

　次にフォアマン業務としては、まず船上にてC/Oとの最終打ち合わせを行い、承認されたプランに相違や変更がないかなどの確認を行う。問題がなければ、計画したプランに基づいた現場対応に移ることになる。現場では、急な作業手順の変更に追われるケースが多々ある。事例としては、悪天候の他、ガントリークレーン等（機材）の故障、本船の傾き悪化によるものなどだ。他にも、現場作業員からのリクエストに応じる場合や、コンテナヤード混雑による作業優先順位の選定などがある。作業手順の変更の際は、逐一の報告と現場への指示を行う必要があり、数十人規模で動く現場作業員との抜かりない連携が重要となる。

　すべての作業工程が終了し、無事本船が出港するまでがフォアマンの業務となるが、多くの作業工程では常にコミュニケーションを必要とする。本船クルーに対しては英語、現場作業員に対しては、互いの立場を尊重して接していかなければならない。

Q3　満足している。理由は、若くして責任ある立場に従事できていることが貴重だからだ。関わる人間も船会社から他港のプランナー・フォアマン、船舶代理店、現場作業員までと多岐にわたる。現場（本船・作業員）とのコミュニケーションの取り方も特殊であり、常に柔軟な思考でなければ衝突も避けられない。そういった経験を積む中で視野は広がっていき、物事をより多角的に見る点が鍛えられてきた。その結果、今までの6年弱を通して確か

な成長を感じている。

Q4　フォアマンとして従事している中で、指示の直後に現場を混乱させてしまうことがあった。トラブルに見舞われる中で冷静さを欠いてしまい、焦りと余裕の無さを消化できぬまま現場への指示を行ったが、その結果、伝える相手にも心理的な焦りを押し付けてしまったことが要因である。ある程度の経験を重ねたフォアマンは、うまくいけば現場からの信頼を得ることができる。しかし信頼を得たからこそ、その本人の心理的状況が、関わった人間の心理にも影響を及ぼしてしまうことがあるようだ。特にそのときは、自身が現場の最高責任者の立場であったため、責任者の焦りが全体の焦りとなってしまい、結果的に数十人規模の作業員を巻き込む混乱を招いてしまった。

Q5　現場トラブルが起きた際に、自身の裁量で判断と指示を行い、作業を止めることなく無事に本船を出港させられたことである。フォアマンという立場上、時には本船側と現場側の要求の板挟みになることがある。必ずしも現場に寄り添うことが重要ではなく、互いの要求を聞きながらもその塩梅を見極めることが必要である。その中で折り合いをつけ、それぞれとの交渉がうまくいった後に、どちらか一方を不幸にすることなく事を収めることが真の成功だと思っている。

Q6　上司との関係は良好。管理職 対 一般社員といったように業務の線引きをしないことが大事だと思っている。上司の仕事の中でも、自分がフォローできることは何かを常に考えるようにしている。課員に対するマネジメントやメンタルケアは、一般社員同士でも設定・実行することができるものだと考えていて、日々意識して取り組んでいる。

Q7　8人。関係は良好。若い課員が多く、まだ業務およびメンタル的にも安定しているとは思っていない。個々にヒアリングとその結果に則ったマネジメントを行い、同時にメンタルケアを怠らないように気を付けている。

Q8　基本的に失敗経験を通して成長していると感じている。

Q9　一番印象に残っている科目は、純粋に難しかったという意味で"通関士"だ。実務的に役立つもので、勉強をしっかりできるなら確実に英語だと思う。授業科目としての実施は難しいかもしれないが、より実践的な授業を多く取り入れることを期待したい。当時、在学中にあったものでは「プラン

ニング／通関士／貿易実務」から広げられると良いと思う。プランニングに関してはカレッジ OB 訪問にて実施していると聞いている。通関士、貿易実務も、OB 訪問などをうまく使って、より実務に近い授業体制を組み立てると、生徒も仕事のイメージがつきやすいのかと、今となっては思っている。

Q10 人材育成においては、必ず当事者意識を持たせた上で教育することが重要だと考えている。当事者意識を持たせる意味として、日常業務を惰性とすることを防ぐことである。誰もが他人事であれば無関心になりやすく、同時に惰性で業務を行ってしまうことにつながる。惰性で業務を行っていると、責任感の無さから必ずどこかで甘えが生じ、結果的にヒューマンエラーが発生する。私自身は、後輩が配属されたときに当事者意識が芽生え、先輩が異動したときにさらに強まった。

② 貿易事務　女性　22 歳　入社 3 年目

人物の概要：学生時代の成績は決して良くなかったが、誰からも好かれる性格の学生だった。困ったときは、自ら SOS を発信するので、周囲が面倒を見てくれる。卒業論文では、PC 作業が苦手で入力に人一倍時間がかかっていたが、最後まで粘り強く取り組んだ姿が印象に残っている。

Q1 入社した理由は、福利厚生がしっかりしていることと、ボーナスがそれなりにあり、一番の決め手は家から会社までが近いこと。

Q2 部署異動前は、トラック（部品）の輸出関係に携わり、輸出の書類作成を担当していた。船積依頼書がきたら S/I（Shipping Instruction）、I/V（Invoice）を作成して通関部に展開し、本船（コンテナ船）出港後は、C/O（Certificate of Origin）作成、B/L（Bill of Lading）の手配をしている。その後の異動先では完成車を輸出していた。現在の部署では S/I、I/V 作成ではなく ECR[*1]、ACL[*2] などの作成をしている。

[*1]：「ECR」とは、NACCS の業務コードで、輸出貨物情報登録。他に BIC（搬入確認登録）、EDA（輸出申告事項登録）、EDC（輸出申告）、BOC（搬出確認登録）がある。

[*2]：「ACL」とは、輸出関係の NACCS の業務コードで、船積確認事項登録。通関業者、海貨業者等が船会社または NVOCC（非船舶運航業者）に対して B/L（船荷証券）作成に必要な情報を送信する業務。

Q3　満足している。自分の中で理想図がなかった分、「思っていた業務内容と違う」など不満はなかった。部署を異動してから残業が増えたが、プラスに考え「仕事がたくさんあることは良いこと」、「もっと早く業務をこなせるようにしよう」と思えるようになった。

Q4　書類に記載されている内容をきちんと理解しておらず、上司から指摘を受け、理解した上で書類を見直したら自分でもミスに気付き、書類作成時には意識するようになった。失敗しても引きずらないで次に活かしてほしい。

Q5　自分の業務が落ち着いて手が空いたとき、部署内で「何か手伝えることありますか」と聞きまわり、「いつもありがとう」と言われていた。時には他部署の業務でも、できる範囲のことは手伝っていた。そのときにも「手があくと声を掛けてくれて嬉しいよ」と言われた。成功体験というより、些細なことで感謝してもらえることへの喜びがあった。

Q6　とても優しく、質問、相談などもしやすい。ミスがあったときなどは叱られることもあるが、その後のフォローもあるので、「次は間違えないようにしよう、もっと頑張ろう」という気持ちになれる。

Q7　他部署に後輩がいて、業務内容は違うが、応えられる範囲で話を聞いたりしている。仕事を終えてから食事に行くなどして交流を深めている。

Q8　入社したときから教えて下さっている先輩がロールモデル。一般的に“できて当たり前”のことでも基礎から指導してくださり、忙しいときでも嫌な顔をせずに接してくれる。

Q9　自身が最も成長したのは、メールや Excel 入力などのタイピング速度。

Q10　貿易実務が前の部署で役に立っていたように感じる。S/I、I/V、C/O などの作成時、書類内に出てくる貿易用語などに見覚えがあり、仕事の覚えもスムーズだった。

Q11　やる気が出るのは、褒められたときと感謝されたとき。特に、感謝されることはモチベーションにつながり、自分の業務を確実に早くさばけるように努力する。また、出社時には「おはようございます」、退勤時は「お疲れ様です。お先に失礼します」などの挨拶を欠かさないよう心がけている。日頃から元気良く挨拶をしていると、周りの人たちも元気良く返事を返してくれるのでとても良い気持ちになれる。

③　大黒自動車船ターミナル部　男性　38 歳　入社 15 年目

人物の概要： 入社 15 年目ということは、筆者が港湾カレッジに異動する前の学生なので当時の様子はわからないが、当時を知る教員の話では、高校卒業後に就職してホテルで 1、2 年ほど仕事をしてから当カレッジに入校したそうだ。社会人経験があった分、他の学生より優秀だったとのことである。海外勤務を経験し、その活躍ぶりから将来を期待されていると評判である。

Q1　フォークリフトやクレーン操縦の資格を取得したことで港湾に興味が湧きフォアマンという職種があることを知った。ステベドア（船内荷役業者）会社は何社かあったが講師の勧めで現在在籍している会社に就職を決断した。

Q3　非常にやりがいを感じる重要なポジションに従事している。小さなミスが大きな損失や事故に直結するため、常に慎重な判断が要求される重要なポジションである。何かを決断する際は答えや方法が複数ある場合がほとんどであるので、最善の決断ができるよう経験と知識を積んでいる。また、ターミナル運営において上長から一任されており、船会社が損失を出さないようバースやスパン繰りの手配を行っている。土日祝日夜間に現場で作業があるため、今のポジションは仕事とプライベートの充実が難しいと感じている。手配師の負担が大きいため、現在は 2 名から 3 名体制にして対応中。

Q4　フォアマンとして独り立ちしたころ、大黒ふ頭では手配上 3 時間前に本船出港時間を決断するルールとなっており、私は荷役終了時間を読み誤ってしまった。出港時間に間に合わせるため別の現場の作業員の方々が応援に駆けつけてくれたことで無事に出港できたが、多くの方々に迷惑をかけたことを今でも忘れられない。現場の流れを先読みする能力の向上と現場の方々とのコミュニケーションの大切さを学んだ。

Q5　タイで仕事をしていたときには、主にアジア域内の事故防止対策を行っており、事故が発生したときに説明と謝罪で表に出るような立場で、普段は感謝されるようなことはなかった。

　稀に新車メーカーの初積み／初揚げがタイであるため、顧客アピールのためビデオを撮影し編集して "お客様の貨物をこのように慎重に船積み／揚げを行っております" と提供したところ好評で、営業からも感謝された。それ

以降、営業からのビデオ作成依頼が増加した。

Q6　私の上司は7月に着任したばかりで自動車船荷役の経験はないが、現場を知ろうとする姿勢が素晴らしい人物だ。また、プライドなど関係なく経験と知識のある部下から色々と教わろうとする姿勢も素晴らしく見習うべきだと感じた。

Q7　後輩が9名おり人間関係は良好。コンプライアンスには気を配り、名前には必ず敬称を付けるようにしている。

Q8　大勢の前でプレゼンテーションをする機会が増えてきたこともあり、人前に出ても堂々とし、自分の意見を言える今の上司をロールモデルとしている。

Q9　日本で仕事をしていたときは組織が従業員を管理していたが、タイに駐在していたときは、自分の管理は自分で行わなくてはならなかった。最初の1年間は業務に慣れることに必死で、残業時間のコントロールや休暇の取得が難しかったが、2年目以降は自分自身を管理できるようになり成長を感じた。

Q10　フォークリフトの講習は非常に役立っている。自動車船荷役において新車のフォークリフトの船積み／揚げを行ったり、パーツの積込みを行うが、フォークリフトがどのように動くのかイメージしながら荷役プランの作成が行える。また、仕事に直接関わりはないが、インコタームズ（Incoterms）の授業が基礎知識もない私にとっては呪文のようで、すべての取引条件を丸暗記しテストに挑んだことを今でも覚えている。

Q11　港湾・物流業界に限らず部下の自信を育てることが重要かと思う。トップダウンの指示系統では指示待ち人間になってしまったり反発を生む可能性があるので、個人的にはボトムアップの方が育成に良いと考えている。部下の提案を潰したり否定してしまっては、それ以上意見を言わなくなるため、組織を円滑に回しつつ、部下には積極的に挑戦できる機会を与えることも重要。達成感や失敗を経験することで部下の成長につながる。

④　大黒マルチターミナル営業所所長　男性　38歳　入社17年目
人物の概要：筆者が港湾カレッジに異動する前の学生であるため当時の様子は

わからないが、毎年集中実習期間にゲストスピーカーとして講義に来てくれているので面識はあった。所長に昇格され、今後のさらなる活躍が期待されている港湾カレッジ卒業生の一人である。

Q2 コンテナ船フォアマン業務に始まり、在来船、自動車専用船、バルク船のフォアマン業務。在来船船内作業、倉庫業務関連の貨物集荷営業業務、保税管理などの倉庫業務。

Q3 満足している。理由は、辛いことも多かったが、それを乗り越えられる組織での取組みと業務内容の充実があるため。

辛いこと：夜勤や休日出勤などの不規則な勤務（フォアマン業務全般）、本船遅延によるバース調整のやり直しや本船リクエストやヤード都合による積付けの変更など時間的に猶予のない状況での判断や各種処理などの業務対応（コンテナ船フォアマン）、積付け完了後の本船のダメ出しによるやり直しや、事故発生時の初動対応など（在来船フォアマン）。

上記イレギュラー発生時はチーム内で即座に共有し、自主的に役割分担をして対応する。同じ辛さを理解してくれるチームで業務を行っているので、技術の差はあっても状況はすぐにわかってもらえる。

Q4 顧客からの指示をチーム内で共有せずに、指示とは違う状態で作業が進行してしまったこと。

Q5 新規作業の見積もり、営業から現場作業、請求関連を一貫して行い、継続案件となったこと。

Q6 入社から同一部店におり、現在の上司も入社時からお世話になっていた先輩であるので人間性もわかっており、良好であると思っている。良好に保つためには、やはり上司の話をよく聞き、意見が対立したとしても、しっかりと伝え、話し合うことだと考えている。

Q7 現在は4名。日常会話で良い雰囲気が作れるようなコミュニケーションを心がけている。

Q8 良いところだけを挙げるとすれば、とにかく行動が早く、しっかりとした論理で行動している上司をロールモデルとしている。

Q9 上記Q5の成功体験で述べた通り、見積もりから請求書発行まで完全な新規の顧客を開拓したこと。部内での理想的なモデルパターンといわれたこ

と。

Q10　特に貿易英語関連の授業や港湾用語の授業など専門的な会話の部分については大変役立った。

Q11　カレッジの学生の教育という面で考えると、各会社の事業が授業だけでは具体的に見えてこないので、その会社の事業がどの授業のどの部分に該当するものかについて見えて体験できる機会が重要と考えている。すなわち、カレッジの授業においては"座学で学んだ内容を現場見学を通じて理解を深める機会を持つこと"が重要である。座学で学んだことが、仕事でどのような意味をなしているのか理解し、仕事にすぐに活かすことがカレッジ卒の武器かと思う。

---

⑤　運輸倉庫会社営業所勤務　男性　33 歳　入社 6 年目

人物の概要：高校卒業後、フリーターを経験し、コンビニでずっとアルバイトをしていた。二俣川の県立職業訓練短期大学の電子科に入校するも中退し、その後港湾カレッジに入校したので他の学生より 5 歳ほど上だった。おっとりした性格であるが、芯はしっかりしており、港湾カレッジの 2 年間はとても充実していたという。同級生が同じ業界で働いているので、今も同期と会って情報交換しているという。

Q1　130 年以上続いている会社と聞いて、歴史の長い会社というのは目には見えないノウハウや、強みを持っていると考え決めた。

Q2　倉庫保管貨物の管理、監督を主に行っている。

Q3　現在の仕事には満足している。夏場は暑く、冬場は寒く、港の仕事は波があり予測できない部分が多いが、輸入大国日本の入り口にある港湾では物量の多さ、働く人の技術力の高さを目で見て感じ取れ、自分もその一部に関わっていると思うと働き甲斐をとても感じる。

Q4　入社 1 年目冬頃、現場作業員（フォークマン）に貨物の配置変更をお願いした。そのとき私は貨物を動かすことの手間や時間、その人が持っている仕事量も考えずに指示を出してしまったため、現場作業員から注意を受けてしまった。この出来事から人に指示を出すときは周りのことも考え、特に普段から周囲とコミュニケーションを取るようにした。

Q5 自分の手が空いているときは率先して周囲の人の業務を手助けするようにしている。事務作業、現場作業ともに手伝うことにより周囲の負担が軽くなるだけでなく、自分が普段行わない業務に触れるため新しい発見につながることもある。担当者不在時の対応を任され無事に代わりを行えたときは担当者からも感謝され達成感もある。

Q6 仕事中の悩みやトラブルなどすべて相談して的確なアドバイスをしてくれるだけでなく、仕事量が少ないときを見計らって、常に新しい仕事を教えてくれる人である。上司の指示を言葉通りに受け取らず、本質を考え指示を実行している。

Q7 部下はまだ一人もいないが、別の部署に後輩がいる。

Q8 ロールモデルにしたいと考えている上司や周囲の方はいない。

Q9 港では大勢の人と一緒に仕事を行い、毎日違う人と作業を行うことも日常茶飯事である。その人達と働く上で特に挨拶などコミュニケーションを重要にしており、「現場作業員とトラブルなく作業を行えるのはうまくコミュニケーションを取ってくれるから」と上司が言ってくれたことが印象に残っている。

Q10 フォークリフトやクレーンなどの資格取得に向けた授業が印象にあり、実際の仕事でも役に立っている。学生時代は特には感じなかったが、貿易書類の読み方をもっと勉強すれば良かった。特に働く人によって重要な部分は違ってくると思うので、通関をする人や現場の作業をする人など職種によるその違いなどを授業科目に加えてほしい。

Q11 港湾・物流業界で働き始める前は、派手なガントリークレーンのオペレーターや現場監督のフォアマンなどに興味を持っていたが、この業界で働き始めてからは、コンテナが船から港に運び込まれ、上屋や倉庫で貨物を保管し、貨物が国内に流通するまでの工程を体験し、物流というものが目に見えて実感できたときに、港湾・物流業界にやりがいや魅力を実感した。しかしながら、港湾・物流業界は、ふだん生活する中で接する機会が少ない場所のため、働き始めてからも港湾・物流について周囲と話す機会がなく、同じ業界に勤めている友人や会社の上司や先輩としか業界内の話ができないという認知度の低さが港湾・物流業界の弱いところだと感じている。

4.2　ヒアリング結果からみる人材育成の現状

　本章では、職業能力開発施設における教育現場からの人材育成の取組みを紹介してきた。4 年制大学とは違って、より職業教育に特化し、卒業後は、即戦力として仕事に携われるようカリキュラムは座学より実習に力を入れている。フォークリフトや玉掛けは必修科目となっており、全員がそれらの資格を取得して卒業する。その結果、港湾・物流企業からは即戦力としての求人が毎年あり、有効求人倍率は 10 倍を超える売り手市場となっている。

　座学の授業であっても、できるだけ現場見学の時間を取り、学習した内容の理解をさらに深める取組みも行ってきた（付録 3 参照）。今回のヒアリングに応じてくれた港湾カレッジ卒業生も、座学で学んだことが仕事でどのような意味をなしているのか、理解し、仕事にすぐに活かせることがカレッジ卒の武器かと思う、と言っていた。

　今回は、活躍が評価されている卒業生のほんの一部ではあったが、人材育成についてのヒントを数多くヒアリングすることができた。キーワードは、以下の通りである。

・当事者意識を持たせる
・日常業務を惰性とすることを防ぐ
・責任感を持たせる
・失敗は成功のもと
・プラス思考で考える癖をつけさせる（仕事がたくさんあることは良いこと、もっと早く業務を終わらせるように工夫しようなど）
・褒め上手になる、たくさん褒めてやる気を出させる
・「ありがとう」と感謝を示してやる気を出させる
・元気良く挨拶を交わす
・部下に仕事を任せて居場所を与える
・部下のロールモデルとなる
・部下の自信を育てる
・達成感と失敗を両方経験させる
・部下の話をよく聴く

・意見が対立した場合でも、しっかり伝え話し合う
・座学で学んだことについて、現場見学を通じて理解を深め、仕事に活かせるようにする
・港湾物流業界の認知度アップにより、仕事に関心を持たせる

　筆者が担当している「職業実務実習」の授業では、毎年「挨拶」の重要性を説明する。挨拶とは「自分の心を開くことによって相手の心を開かせ、相手の心に近づいていく積極的な行為」である。そのため、実践する上では、「明るく」、「いつも」、「先に」、「続けて」（この頭文字をとると「あいさつ」となる）を心がけるように学生たちには話をする。挨拶がしっかりできている職場は、風通しがよく、コミュニケーションも円滑である。

　また、気になった点は、⑤運輸倉庫会社営業所勤務入社6年目の男性のQ11の回答である。「港湾・物流業界の認知度の低さが人材育成において弱いところだと感じている」という言葉だ。いい人材を集めるためには、港湾の仕事を広く国民にPRし、国民生活に不可欠な貿易を支えている社会貢献できる魅力的な仕事であることを伝え、関心を持ってもらうことが先決である。

第5章　人材育成の概要

5.1　人材育成の羅針

やってみせ　言って聞かせてさせてみて　褒めてやらねば人は動かじ
話し合い　耳を傾け承認し　任せてやらねば人は育たず
やっている　姿を感謝で見守って　信頼せねば人は実らず

これは日本海軍連合艦隊司令長官の山本五十六が、若い人達を育てるときの心得を語ったものである。現代の子育て中の母親たちが、わが子の育児方法に悩んでいるときに、この言葉に出会い、難しい教育本よりわかりやすいという感想が多く上がったという。

この言葉は、仕事における人材育成の面でも適した助言として再評価され、一般の企業でも多く採用されつつある。

図 5.1　企業として社員に何を授けるのか

　各企業が看板とする仕事の仕方（ノウハウ）、安全への取組み（リスク管理）、堅実な事業活動の展開（コンプライアンス）などをいかに高め、競争力を培っていくかは、経営者の手腕はもとより、社員一人ひとりの意識の持ち方と資質向上によるところが大きい。

　経営の神様と讃えられた松下幸之助が折に触れて説いた「企業は人なり」という考え方は、時代を超え、今日の港湾産業でも変わらぬ企業経営の基本となっている。

（1）人に教えるとは

　人に何かを教えるためには、教える側に、それなりの知識の蓄えや準備がなくてはならない。まず「自分は何を教えられるのか」、次に「自分には知識・経験の蓄えはあるか」、さらに「自分には教える愛情と熱意はあるか」「自分は教えるノウハウを身に付けているか」「自分には理解してもらえる教材はあるか」などを明確にする必要がある。人に教える際に留意する事項は以下のとおりである。

①　部下に何を教えるか

　教える際には、自分は相手に何を教えられるのかを整理し、相手が理解できるようにするために何を準備しどのように教えるかを考える。その手順を踏み、実際に教える場合には、前述の山本五十六が説いた「やってみせ…」の心得を実践することが重要である。

　社内教育での先生役は、会社の管理職や職場の先輩が担当することが多い。このときに多くの企業が見落としがちなのは、教える人に対する「指導方法の教育」を施さないことである。単に仕事を知っている、経験があるということで先生役に抜擢する場合が見受けられる。もちろん、指導役のひとつの要件として間違いではないが、人に指導するという能力はスキルであり、本来持っていないものを訓練や学習により身に付けるものである。知識がある、仕事を知っている、仕事ができるなどの能力と人にモノを教える能力は全く違う能力であり、教える側には相応のスキルが必要となることを教育部門の責任者は認識する必要がある。

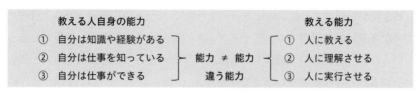

図 5.2　人に教える能力とは

　人に教えるスキルを持たない者が人を指導すると、指導すべき内容を的確かつ効果的に教えることができず、知っていることをただ伝えるだけの場になりやすい。これでは教えてもらう側も理解が十分得られず、期待する成果が上がらないという残念な事態を招くこととなる。

　人にモノを教えるスキルの習得には「各種発表会での経験の蓄積」や「プレゼンテーションの実践」「コミュニケーション力アップ」などのほか、多くの外部セミナーを活用することも有効である。

②　教育にあたっての留意点

　人に教えるにあたって「やってはならない」ことがある。その代表的な例は以下のとおりである。

- 1) 教えてもらう人の心理的安全性を整えていない。（指導中の発言、悩み、要望などが気兼ねなく伝えられず、不安を抱いたまま教わらなければならない。）
- 2) 教育内容の重要性や目的について理解できる説明をしない。（教えられる内容が自分の仕事にどのように関わってくるのか、理解できないまま教育が進んでいく。）
- 3) 教えてもらう人が理解できない専門用語や業界用語を多用する。（言葉の意味がわからないまま教育が進んでいく。）
- 4) 教えてもらう人が興味や意欲を持てる内容ではない。（業務、業務、業務に関する内容ばかりで、気分転換・息抜きできるテーマがなく、学ぶ意欲が減退する。）
- 5) 講師役が上から目線で接し、話す内容も乏しく力量不足。（人に物事を教えるという能力に欠けた人物が講師役になると、教えてもらう側はこれが会社の実力だと落胆し、学習意欲を失う場合がある。）

教えてもらう側	教育・指導の過程	教える側
・知識や経験不足 ・業務内容の理解が浅い ・社会生活の順応未熟	・覚えが悪い ・理解が悪い ・結果が出せない	× 感情的に叱る × 教えてもらう側に問題あり ○ 教える側に問題あり ○ 指導の方法を再検討

図 5.3　教えてもらう側と教える側の状態

③　意思疎通を図る

指導に入る前に、教える側と、教えてもらう側の意思疎通を図ることが大切である。

　　1）指導・教育の目的と必要性、重要性を丁寧に説明し理解させる。

　　2）教えてもらう側の悩みや不安、疑問などに耳を傾け、気持ちを和らげる。

　　3）意見は異見と解釈し、相手の考え方を尊重して聴く。

④　資料を準備する

相手の立場に寄り添い、理解しやすい資料を用意する。

　　1）資料で使用するデータ・数字は、可能な限り最新のものとする。

　　2）個人情報やコンプライアンスに抵触する資料は、厳格に管理する。

　　3）階層により開示不要なものもあるため、データ管理に配慮する。

　　4）文章や写真、データ類の引用を行う場合は、著作権に配慮する。

⑤　指導・教育する人を把握する

教えてもらう側の状態	教える側の設定
・入社前・入社後の業務履歴 ・持っている知識のレベル（質と量） ・現在の業務に対する理解度	・教える内容の難易度を設定する ・教える範囲を設定する ・求める理解度（到達点）を設定する

図 5.4　教えてもらう側と教える側の状態と設定

教えてもらう側の意欲	教える側の対応
・内容が低レベル（退屈、意欲減退） ・内容が中レベル（興味） ・内容が高レベル（苦痛、逃避）	・教える相手に適した内容の見極め ・理解しやすい資料の準備 ・パワハラ、セクハラへの注意

図 5.5　教えてもらう側と教える側の意欲と対応

⑥　一方的に話さず相手の話を引き出すことに配慮する

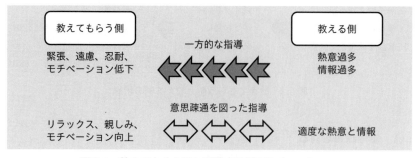

図 5.6　教えてもらう側と指導する側のモチベーション

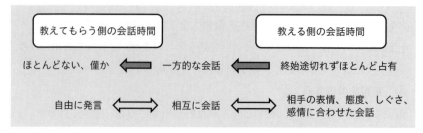

図 5.7　教えてもらう側と指導する側の会話

⑦　教える相手の良いところを褒める

　人は自分の長所やできることを褒められると、頑張ろうという意欲がみなぎってくる。それが上司や先輩であると、自分を見て理解してくれているという気持ちになり、安心感を持てる。それに対して、できないことの批判や追及を上司がいつまでも繰り返していては、やる気を失ってしまう。

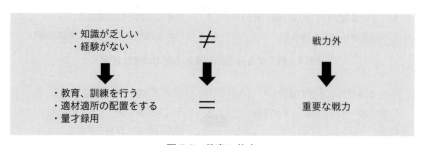

図 5.8　教育の仕方

5.2　人を育てる上司の助言（上司としていかに部下を育てるか）

　課長や部長など管理職になると、多くの部下を持つこととなる。部下には新人、中堅、ベテラン社員など、経験や知識の違いを持つ人材が揃い、それぞれの能力を発揮し合いながら組織としての業務が進められる。

　組織内の上下関係を揶揄した例として「部下は上司を選べない」という諺がある。一方の上司は、部下を選べるかといえばゼロではないが、社内で要望がそのまま通ることは少ない。人事政策に対して適切に取り組んでいる企業では、定期異動にあたり、各部門長の意志は参考にしても、そのすべてを反映させることは難しい。

　管理職の職務は、担当部門の管理目標を達成することにあるが、そのなかの重要な取組みのひとつが人材の育成である。社員の教育にかかる費用は、単なる経費ではなく、将来企業に利益を生み出すための投資であり、人材の育成なくして企業の継続的な成長は難しい。

　人の教育には、成長していく過程で多くの関係者が携わる。幼少期までは親が人間形成に深く関わり、義務教育から高校、大学を卒業するまでは先生に指導を受け、先輩、友人と接触し社会を生きていくために必要な知識を習得する。社会人となってからは、企業が事業環境の変化や変革の波を乗りきり、経営方針の実現を果たしてくれる人材を育成するため、幅広い教育が行われる。

　企業が人を育てるとき、先生役となるのは職場の先輩や直属の上長となる場合が多い。部下が事故や過ちを犯した場合も、指導教育にあたるのは所属する組織の長となるため、課長や部長にはいかに部下を育てるかのスキルが重要となる。ここでは、部下が過ちや社会人としての自覚に欠ける言動をとった場合に、上司としてどのような助言や指導を行うべきか、いくつかの事例を挙げて解説する。

(1) 社内でパワハラを犯した部下に対して

①　組織内でパワーハラスメント（パワハラ）が発生する原因は、社員自身がハラスメントに対する知識を持っていないことにある。何がパワハラと認定されるか、認定された場合の個人や企業（組織）側の責任、当該者の

苦しみなどを教える。

②　ハラスメントを受けた本人や、状況を見たり聞いたりした周りの社員は、気が付いた時点で躊躇なく通報すべきことを指導する。上司や同僚に報告できない場合は、第三者への通報先があることを伝え、おかしいと思うことは言葉で発信し、正していくことの重要性を教える。

③　ハラスメントを犯してしまった部下に「自分の言動がハラスメントに該当するかわからなかったとしても、自分が同じことをされて悲しい思いをしないか」を冷静に考えるよう諭す。

④　ハラスメントを犯す心理は、社内における自分の優越的な立場を利用して他人を見下すことで、行為に発展するものである。関係先との仕事でも、会社の看板や肩書に頼って仕事をしてはいけないことを日常から教える。自分の言動が適正かどうかを判断したいときは「自分の両親、伴侶、子供が傍らにいても恥ずかしくない言動であるかを目安とする」ことを教える。

(2) 事故を起こして報告しない部下に対して

①　事故を隠す原因は、事故を上長へ報告し公表することの重要さを現場の末端まで浸透させていない組織の管理体制に問題がある。事故を隠した部下を叱る前に、自らも猛省する姿を部下へ示す。

②　事故報告が遅れたことで荷主への対応が後手後手になり、日常から事故隠しを行っているのではないかとの疑念を抱かせる結果となることを伝える。

③　従業員一人ひとりが汗を流し、仕事をこなして築いてきた会社の信用が、事故隠しというひとつの過ちで、一瞬にして崩れ失墜する。社内でも「隠ぺい体質のある部署で信用できない」と判定されるなど、失うものの大きさを、部下と一緒に共有する（反省を促し、信頼を回復させる方向へ導く）。

④　「良い報告は後でも構わないが、悪い報せは時間を置かず最優先に報告する」ことを、日常から組織全体に周知させる。

(3) 遅刻を繰り返す部下に対して

① 遅刻の実態を本人へ示し、反省を促す。口頭で注意し、様子を見る。改善が確認できない場合は、書面で約束させる。

② 遅刻の原因を本人から聴取し、解決策を突き止め、行動に移すよう指導する。睡眠障害などの原因が認められる場合は、医師の診断を受けるよう促す。

③ 決められた時間を守れない人に、責任ある仕事は任せられないことを教える。一人が時間に遅れることで、仕事全体に支障が出ることの具体例を挙げ、その影響について理解させる。（遅刻は待たせた相手の時間を奪うこととなる。）

④ 会議や集合に際しては決められた時間前に席に着く、約束した場所へ到着しておくという、当たり前のことを教える。それができないと、他の仕事に対しても同様に、当たり前の行動ができない人間になりやすいことを伝える。

⑤ 決められた時間に決められた行動をするためには、その行動より以前のスタート時間を見極め、常に余裕を持って行動する習慣を身に付けるよう教える。今の生活習慣から、時間の針を少し前倒しにして生活することを勧める。

(4) 上司の指示を聞かない部下に対して

① 人は自分の意見を聴いてくれ、考え方が近いと思える上司に対しては好意を抱き、困難な業務命令であってもやり遂げようという前向きな姿勢を持つことができる。一方、自説を押し付け部下の意見を聴かない上司に対しては、どのような立派な言葉で指示を受けても真摯に受けとめる気がしないのは、誰でも経験のあることである。指導の第一歩は、相手（部下）との信頼関係を保つことである。

② 業務命令は直接的な指示ばかりでなく、時にヒントを与え、部下自身が自ら取り組もうとする意欲を後押しすることが大事である。社員の性格や知識の違いなどを考慮し、一人ひとりに適した業務指示の方法を心がける。

③　上司自身が一方的に話をして、部下からの意見を吸い上げる姿勢がない場合、部下は聞く耳を持たなくなる。部下にも言い分はある。その言い分を、時間をかけて聴く機会を設ける。「聞く」ではなく「聴く」ことが大事である。

④　業務指示以外で「睡眠を良く取ること」「本を読むこと」「語学力を身に付けること」などを部下に諭しても、部下がその重要さを理解していなければ「貴方の趣味趣向を私に押し付けるな」で終わってしまう。この場合も、上司と波長が合うか、合わないかで助言の受け止め方が違ってくる。何事も上から目線での言葉ではなく、睡眠は身体全体のメンテナンスであること、本を読むことで見識が広がり、より高い知性を蓄えられるようになることなど、わかりやすく丁寧に教える。

(5) 何事にも積極性がない部下に対して

①　感情が乏しく目立たない温和な性格の社員は、他の社員と適度な距離を保ち、必要以外の関係を持つことを敬遠する傾向がある。この場合、他の社員と近い距離でのコミュニケーションを保つように促すことは、本人にとって過度なストレスを背負わせる結果となる場合があるため、慎重に対処する。

②　上司側から積極的に声掛けを行い、本人からの自発的な行動の変化を促す。面談する際は上司から一方的に話さず、相手の話を引き出すことに配慮する。

③　積極性がないことを過度に取り上げず、本人の長所やできることを褒める。部下は上司が自分を見て理解していると思うことで安心感を持てる。褒めるという行為は、相手に頑張ろうという意欲を持たせることにつながるため、消極的な性格の部下の育成には有効な指導方法となる。

④　他の社員と協力して取り組む業務分担としたり、共同作業で発表の機会を与えるなど、社員同士によるコミュニケーションの重要さを多く体感させる。共同作業の場合は自分の考えをきちんと発言し、お互いを理解し合わないと、より良い結果を導き出せないため、消極的な性格を刺激する訓練となり得る。

【参考文献】
1) 柴原優治、「仕事と人を動かす現場監督者の育成」セミナー教材
2) 柴原優治、「技能伝承のための部下・後輩指導育成」セミナー教材

第6章　港湾における人材育成の取組み（企業編）

　港湾産業における人材教育は、事業分野や職種によって異なる必要な知識とスキルの習得に重点を置く。教育は基本的に社内教育として行われるが、専門的な分野については港湾教育訓練協会、港湾貨物運送事業労働災害防止協会など業界関係の講習会や外部セミナーなどによって行われている。

　企業の社内教育は、従業者（役員、社員、出向・派遣社員）に対し、業務に必要な知識や技能の習得と本人が備えている能力を向上させることを目的として行い、企業内教育とも呼ばれる。

　必要な知識と技能の習得とは「もともと本人にないか不十分な状態から目標の水準まで引き上げること」で、能力の向上とは「本人が備えている基礎的な知識や技能を導き出しグレードアップさせること」である。これによって習得したものを「スキル」と呼んでいる。

　多くの港湾産業で実施されている、基本的な人材育成の取組みについて解説する。

6.1　社員教育・社内教育

(1) 教育の3本柱

　社員教育は企業ごとにさまざまな方法で行われているが、一般的には「教育の3本柱」といわれる OJT（On-the-Job Training：現場教育）、OJD（On the Job Development：職場内能力開発）、OFF-JT（Off-the-Job Training：集合研修）の3つの手法が多く用いられている。

　OJT は港湾運送事業ではもちろん、他の産業でも多く採用されている教育システムで、上司や先輩が社員と一緒に実務を行いながら、業務を通じて指導を行い学ばせるものである。

　OJD は上司が社員に対し、日常業務の中で将来的に必要となる能力の開発を行う方法で、OJT が現在の仕事を進める上で必要な能力の習得を目指すのに対し、OJD は将来目指したい明確な目標に向けて必要な能力の開発を行っていく方法である。OJT に比べ長期的な目線に立った人材教育といえる。

図 6.1 社員研修（左）と現場見学会（右）の様子
（出所：左 ダイトーコーポレーション人事部「社内教育」、右 筆者撮影）

　OFF-JT は職場や日常業務から離れ、教育としての時間と場所を設定して教育を行う方法で、たとえば野外での活動や合宿を伴う訓練、大会やイベントへの参加・見学などアウティング（職場を離れて活動する）方式の訓練をいう。

　社員教育では、受講する側が一方的に知識や技能を習得するのではなく、指導する側も「人に教えるための能力」を養うことになる。社員教育により従業員一人ひとりがスキルアップすることは、企業全体の競争力向上にもつながるため、企業にとって社員教育は経営方針の重要な柱として位置付けられている。

（2）入社年数に応じた階層別教育

　階層別教育は、社員の勤続年数や職能（職級）および資格別にグループ分け（階層分け）し、その階層ごとに適した教育を行う方法である。

　階層別に必要な知識や技能と、企業が求めるスキルは異なるため、研修内容も階層ごとに内部研修や外部研修などを織り交ぜ、基礎的な分野から実務者、管理監督者、経営者別などのコースが設定される。

　階層別教育は、すべての対象者に受講させ継続することで、全社員の絶え間ない資質向上を目指すことが可能となる。

　企業で行われる階層別教育の概要については、表 6.1 を参照いただきたい。

表 6.1　企業で行われる階層別教育の概要

階　　層	企業が求めるスキルに応じた教育内容
1 入社初年度 新入社員など	基本的な知識や社会人としての常識の理解：単純定型業務 就業規則、安全衛生、ビジネスマナー、法令遵守、ハラスメントなど
2 入社 5 年以内 新人〜若手社員	各種実践的な研修や認定・資格習得への取組み：複雑定型業務 安全教育、TOEIC、簿記検定など
3 入社 6 年以上 中堅社員	課の業務を支障なくこなし下位の指導を行う：定型・不定型業務 実践的な研修、貿易実務検定、通関士、フォアマン講習など
4 入社 15 年以上 課長職〜	部下の管理監督や育成能力、リーダーシップ、企画・立案、専門応用能力 組織の管理・運営、衛生管理者、防火管理者、ハラスメントなど
5 入社 20 年以上 部長補〜	部長補佐、下位育成、リーダーシップ、高度専門能力 部門の管理目標把握、課長の指導教育、コンプライアンスなど
6 入社 25 年以上 部長〜	部門統括、ビジョン・施策立案能力、戦略的思考、高度専門、リーダーシップ 担当役員補佐、会社の事業計画、投資、契約、収支の把握など
7 定年後〜70 歳 シニア・エキスパート	経験と実績を活かし後輩の指導や教育に従事

（3）社内教育の意義

　社内の研修は、日ごろ接することが少ない同僚や会社幹部との意見交換、助言などを体感できる貴重な機会となる。階層別教育や全社で取り組む改善活動なども、上級管理職の考え方や経営方針を直接聞く機会があり、若い社員にとっては刺激を受け、自らを奮い立たせる絶好の学びの場となる。

　教育する側は、研修を受ける社員の実力、やる気、伸びしろなどを見極める絶好の機会でもあり、教育の観点のみならず組織面や人事面での活用など、多くの相乗効果が期待できる。

　人事施策を積極的に取り組んでいる企業は、人材育成の深化が効果的に行われ、競合他社との競争力も強いものとなっていく。社内教育の場では、時に企業トップが出席し、経営者自身の考えや経営方針などを直接聞くことができる。

図 6.2　社内教育（左）とグループ演習での課題の取組み（右）の様子
社内教育では、経済新聞や業界紙の読み方なども学習する。
（出所：ダイトーコーポレーション人事部）

（4）経営者からの発信

　企業のトップや経営に携わる立場となる人は、その地位に就くまで、さらに就いてからも多くの岐路に直面し、そのたびに進むべき道を判断してきた。その判断に失敗があっても、それを成功へと導く糧にして歩んできた実績がある。

　ある経営トップが新任課長研修の開催挨拶で、中堅社員に対して今後の活躍を期待し励ました際の要旨を紹介する。企業のトップを務めた人物の言葉には、その地位にいる人しか発信できない重みがある。

指導する管理職などに望むこと

　社員教育の指導者となる管理職に望むことには、基本的に次のようなものがある。

① 部下を良く指導・管理すること。これにはリーダーシップが求められるが、一朝一夕には身に付かないので、常日頃から意識し行動してほしい。部下は上司の先見性に注目していることを認識してほしい。

② 部下を取りまとめるには所属する組織のみならず、他部署関係者との協調性が求められる。課長職には「リーダーシップ」「先見性」「協調性」の3点を心がけてほしい。

③ 「課」は業務遂行の中核である。「課」の強い企業は伸びる。

④ 管理職としての実力を養う。決断したら断固実行することが求められる。

⑤　会社勤務には運・不運があり、またどんなに努力しても実らぬことがある。このときは気持ちを切り替えて、過去を引きずらずに前を見て進む気概を持ってほしい。

⑥　「迷ったときには、絶対に後ろを振り返らないこと」を心がける。

（5）外部講習による教育

外部講習による教育の機会は多く、各企業が契約するコンサルタント会社や専門家などによる各種の社員教育が実施される。企業内の教育では対処できない認定や資格・免許取得、専門家による教養講座などは、この外部講習によって学ぶこととなる。

図 6.3　筆者による船内作業主任者能力向上教育の講習の様子

（出所：筆者提供　1990 年　港湾貨物運送事業労働災害防止協会東京総支部）

（6）英語教育

港湾産業を含めた物流業界は、陸海空の異なった輸送方法を効果的に組み合わせた国際複合輸送の各分野を担い、相互に連携して経済活動を支えている。

このため、港湾での業務を行う上で英語力を必要とする場面は多い。特に外航船の入出港手続き業務を行う船舶代理店担当者にとっては必須である。

一種元請けの本船荷役監督であるスーパーバイザーにとっても、本船側荷役責任者との意思疎通に英語は欠かせない。その他、通関書類をはじめ船積み書類、貨物明細などすべて英語表記である。多くの港湾運送事業者では、自社社員への英語力養成に対してさまざまな取組みを行っている。

表 6.2 に英語教育の具体的な取組みを示す。

表 6.2　英語教育の具体的取組み

取　組	事　例
英語研修などの受講	① 定期的な TOEIC 受講 ② 海外赴任前、赴任中の研修サポート ③ インターネット通話アプリを利用した英語研修プログラム受講 ④ 入社年数による一律の海外語学研修派遣 ⑤ 資格取得者への手当支給 ⑥ 語学学校通学者への勤務時間配慮
ビジネス英語の読み書き	① B/L 裏面約款の読破（船会社共通） ② 英字新聞、週刊ニュースの購読 THE NIKKEI WEEKLY、Asahi Weekly、Mainichi Weekly、The Japan News、The New York Times International Weekly、The Japan Times Alpha、The Wall Street Journal Digital、THE FINANCIAL TIMES、TIME、FORTUNE など
ラジオ英語の聞き流し、洋画、海外TV、YouTube などの視聴	① NHK ラジオ英会話、NHK 実践ビジネス英語 ② 米国 VOA（Learning English、Beginning、Intermediate、Advanced、U.S. News） ③ 英国 BBC（BBC Learning English、English for Business） ④ 洋画や海外の TV 番組、英語教育関連動画の視聴など

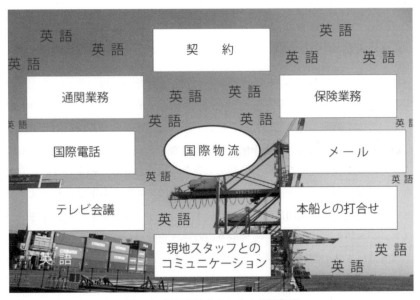

図 6.4　国際物流をとりまく英語環境

（出所：筆者作成）

表 6.3　英語人口（2021 年現在）

英語を母国語とする国	英　語　人　口（国家人口比）		英語人口 15 億人 世界総人口比 19.0%
アメリカ	2 億 5,200 万人（79%）	英語母国語人口 3 億 8,000 万人 世界総人口比 4.8%	
イギリス	6,000 万人（88%）		
カナダ	2,600 万人（68%）		
オーストラリア	1,800 万人（70%）		
その他	2,400 万人		
英語を第二言語とする国	人　口		
インド	1 億 2,600 万人（　9%）	11 億 2,000 万人 世界総人口比 14.2%	
フィリピン	9,000 万人（81%）		
ナイジェリア	8,000 万人（39%）		
ドイツ	4,700 万人（59%）		
フランス	2,300 万人（37%）		
イタリア	1,700 万人（28%）		
その他（日本を含む）	7 億 3,700 万人		

注：日本人で英語を話せるのは、人口（2021 年 10 月）1 億 2,550 万人中 2% の約 247 万人。

6.2　人材育成の実践

　社員が関わる業務上の失敗やトラブルに対して、その処理の仕方や本人への対応を適切に行わなければ、後々本人の立ち直りや成長に大きな影響を与えてしまうことがある。特に若い社員の場合、経験の浅さからくる精神的な不安や自信の喪失、仕事に対する嫌悪感など、大きなダメージを受けることもある。

　さらに、上司や同僚などからの諫めの言葉や指導なども、相手の受取り方次第ではパワーハラスメントとして訴訟問題に発展する場合もある。ハラスメントの訴訟件数は年々増加傾向にあり、いまやコンプライアンス遵守と同様にハラスメント防止は、企業にとって取り組むべき重要な経営課題となっている。

　本節では 4 件の問題発生事例を報告し、それぞれの事例について本人がどのように行動したのか、それに対して上長（管理職）がいかに対応したのか、さらに遭遇した問題を乗り越え、本人がその後どのように成長したのかを見ていく。

(1) 部下の指導教育

部下への指導教育の事例を以下で紹介する。

【事例 1】

概　　要：一種元請け会社（A 社）：荷役終了後の固定・固縛作業で本船側の
　　　　　承諾が得られず、出港時間の延長を繰り返した。

当該社員：入社 2 年目・男性・本船荷役監督（フォアマン）

1) 状況・経緯

本船荷役監督中のトラブルについて本人からの説明。

① 本船荷役監督として、沖のブイでギリシャ船の積荷役を担当した。

② DAY/NIGHT の 2 シフト作業で朝から荷役を開始し、昼間の作業を終えたあと夜荷役も続行して担当した。

③ 貨物は CKD、PIPE、雑貨類で、スペースに余裕があったため難しい荷役ではなかった。

④ 夜中過ぎに積み荷役が終了し、残りは固定・固縛作業だけとなり、完了した積付け場所から一等航海士に随時チェックをしてもらい順調に進んでいた。

　最後のハッチになったとき、一等航海士ではなく船長が直々に現場を訪れ、固定・固縛作業の仕上がりに対してクレームをつけ、やり直しを要求された。積付け状態の善し悪しについての最終判断は本船側にあり、船会社より作業を請け負う港運業者は、可能な限り本船側の要望に応える責務がある。しかし、今回は不十分であると指摘された箇所を要請通りに手直しし、確認作業をお願いすると次は別の箇所を指摘された。

　これを手直しすると、また違う箇所を指摘され、同じことを 3 度、4 度繰り返しながら 2 時間、3 時間と経過した。その後、手直しするにもラッシングワイヤー、シャックル、クリップ、角材、ダンネージ類などの手持ち資材がなくなり、出港予定時間も迫り万事休すとなった。

⑤ 代理店担当者が朝 4 時の出港時間に合わせて 2 時ごろに訪船してきたが、固定・固縛作業は完了の見込みが立たず、やむなく 6 時に出港時間を

延ばした。

⑥　出港時間は延ばしたが、次に直面する問題は足りなくなった資材をどう調達するかで、夜が明けない時間に資材業者へ電話で事情を説明し、追加の資材を大急ぎで通船の発着所まで運ぶように依頼した。

　　沖荷役のため資材をトラックに載せて本船船側まで運び込むことはできず、代理店担当者がチャーターした通船をそのまま借り受け、作業員を通船に乗せ、発着所まで出向かせた。発着所では資材業者がトラックで運んできた資材を手渡しで通船へ運び込み、その後ブイに停泊中の本船船側まで運んでくる手配を行った。

⑦　荷役が終了していたため、格納していた揚貨装置を再度ケンカ巻きにスタンバイし、通船で運んできた資材をデッキ上に揚げた。何とか資材は調達したが、船長による固定・固縛作業の仕上がりに対する不承認行為はその後も続いた。作業員からは「ワイヤーが蜂の巣みたいになっていて、これ以上は意味がない、船長の嫌がらせもいい加減にしろ」との愚痴が出始めた。

⑧　本来の本船側荷役責任者である一等航海士と打開策について協議したが、船長の判断であるため私は何もできないとサジを投げた言葉しか得られなかった。船長の頑なな態度のまま時間は過ぎ、夜明けを迎えた。手配替えした6時の出港にも間に合わなくなり、再々度の手配替えで次の出港時間は決めないまま作業を続行した。

⑨　朝の8時にデスクへ状況説明をし、その後の対応につき助言を求めた。

2)　上長としての対応と経過

①　まず担当者の健康状態を確認した。前日の朝から今朝まで荷役監督として不眠不休で勤務していた上に、本船側とのトラブルで心身ともに疲労していることは明らかであるため、健康面での確認を行った。

②　担当者の健康状態に問題がないことを確認したが、これ以上の業務続行は避けるべきと判断し、交代を決定。本人は担当船の荷役を完結するまでアテンドを強く望んだが、不眠不休の状態で任務を続行した場合、船艙の昇り降りの際に墜落する危険性があった。さらに船長との適正なコミュニ

ケーションの回復が困難と判断されたため、担当者を代えて対処した方が相互に有益と考え、交代させることとした。

③　引継ぎ者を指名し、本船へ向かわせた。

④　担当者へ交代を通知し、本船上で引継ぎ者と合流後に会社へ戻るように指示。

⑤　船会社のポートキャプテンへ概要を説明し、本船の状況確認を要請。

⑥　担当者からの状況報告と船内作業を担当した班長、固定・固縛作業を行っている責任者から情報収集した結果、積付け状態、固定・固縛作業に問題はなく、トラブルの原因は本船側にあることが想定された。

⑦　本船の代理店業務担当者に、入港時の船長との打合せ状況を確認。船長が早朝4時の出港時間設定に異議を唱え、もう少し遅い時間へ変更するよう求めていたことが判明。さらに船長へ、出港時間の設定は船会社航路担当者との決定事項であることを伝えたところ、渋々納得していたことも判明。

⑧　引継ぎ者に現場の状況を確認させた結果、明らかに過剰な固定・固縛を要求されていたことが判明。

⑨　船会社のポートキャプテンが訪船し、過剰な固定・固縛作業で、必要のない資材が多く使われているとの指摘を引継ぎ者が受ける。

⑩　現場にて引継ぎ者、ポートキャプテン、船長との三者で協議。貨物の積載状態、固定・固縛の状態に問題はなく、これ以上の作業続行は時間と費用の無駄であるとポートキャプテンから船長へ通告。最終的に船長も了承し荷役終了を受け入れた。これにより12時に出港させることが決定し、必要な手配を行った。

3）本人への指導・教育

①　引継ぎを終えて担当者が帰社した際、本人はかなり憔悴し「荷役を完結できず申し訳ありませんでした」との謝罪があった。課長として労いの言葉をかけた。

②　別室に移動し、今回の経緯で何が良くて、何がいけなかったのかを話し合い、次回に活かすことを助言した。

③　荷役中に問題が生じた場合は独りで問題を抱え込まず、夜中であろうとデスクへ相談することを躊躇しないよう伝えた。

④　本船側からの要望を聴くことは大事であるが、常識を逸脱した要求に対しては、毅然とした態度で対応することも必要である。そのためには、客観的に納得してもらえる根拠と数字を示せるようにしなければならない。相手より正しい情報を多く持ち、それをしっかり相手に伝えられるスキルを身に付けることを助言した。

⑤　相手との交渉では、自分の考え、利益、立場をそれぞれ主張し合うが、自分の思惑をすべて満足させることに執着すると交渉にならない。相手にも自分の主張と、利益や立場がある。交渉が難航した場合は、落としどころを探ることも大事であることを教えた。

⑥　本人へ、収集した引継ぎ者からの報告とポートキャプテンの判断、船長との交渉結果などを伝えた。

⑦　今後、自ら自信をもって仕事の善し悪しを判断できるようにし、本船側と交渉できる力を身に付けることが必要であることを諭して帰宅させた。

4）その後の成長

　この出来事で、本人は本船との交渉における英語力の弱さを痛感したようで、早速語学のスキルアップを目指した。それまで取り組んでいた NHK の英語講座に加え、自らアメリカ人家族との交流を持ち、生の英語に接することで語学力を強化していった。

　さらに南米船社の船をアテンドする機会も多かったため、以前より独学でスペイン語も学んでおり、本船との交渉において、語学力で対等に議論できるようになることを目指し、努力を重ねた。

　数年後、彼が英語とスペイン語を学んでいることを聞きつけた役員から、中米でのプラント輸送を担当する要員に指名され、入社 10 年目で初めての海外勤務を経験することとなった。

　中米での業務を無事に遣り遂げて帰国したのち、社内でスペイン語を話せる貴重な人材として人事部にアサインされ、その後二度目、三度目の海外勤務を命じられた。海外での駐在員生活は合わせて 8 年を数え、海外拠点の事務所立

上げや新規顧客の獲得などで実績を重ねていった。その活躍が評価され、新たに創設された社内の表彰制度で第1回目の「最優秀社員賞」を受賞した。

それより後、このトラブルを経験した部署の船舶部長、担当役員、統括役員を歴任し、自らのさまざまな体験や当時の上司から諭され救われた多くの言葉などを若い社員達へ伝え、後輩の指導・育成にあたった。

【事例2】

概　　要：一種元請会社（B社）：荷役当日の朝に寝過ごして出勤できず、担当する予定の本船荷役監督業務を遂行できなかった。

当該社員：入社1年目・男性・本船荷役監督（フォアマン）

1）状況・経緯

仕事のトラブルについて本人からの説明。

① 明朝から荷役予定の本船スタンバイを夕方に終え、仲間3人と酒を飲みに行き、深酒をしてしまった。翌朝に目が覚めると、昨夜飲んでいた横浜ではなく埼玉県の大宮駅にいた。二日酔いが激しく、状況を理解するまでしばらく時間がかかった。

② 9時半ごろ、会社へ電話で事情を報告した。その際、先輩のAさんが私に代わって朝一から本船を担当していると知らされ、申し訳ない気持ちであった。

③ 課長から今日は出社しなくて良いのでそのまま帰宅するように指示され、自分自身も激しい二日酔いに悩まされ仕事ができる状態ではなかったため、そのまま電車に乗って帰宅した。

④ 翌朝に出社し、課長へ謝罪した。

2）上長としての対応と経過

① 朝一番に、本船荷役担当者が未だ出社していないとの報告を受けた。

② 出社している者の中から代わりの担当者を指名し、本船へ向かわせた。

③ 幸い荷役は滞ることなく開始され、船会社へ迷惑をかけずに済んだ。

④ 荷役開始から1時間ほど経過した午前9時半ごろ、本人より電話があっ

た。本人に対し「事情がわからず心配していたので、無事との報告で安心した。本船のアテンドはＡさんが代わってスタートしているので心配しなくて良い。体調が良くないようだから今日は帰宅して休みなさい。また明日、話を聞かせてもらいたい。」と指示。電話から伝わる様子では、体調不良で今日は使いものにならず、いま何を話しても正常な思考回路が働かないだろうという判断によるものであった。

⑤　本船荷役は予定の時間で終了し、定刻に出港した。

⑥　翌朝に本人が出社。課長への謝罪の言葉はあったが、直接トラブルの対応に当たったチーム内へ謝罪の言葉はなかった。

⑦　事情聴取として課長、デスク（配置）担当、本人の三者で話し合い、まず体調に問題はないかを確認した。課長への謝罪以外に部内関係者への謝罪も必要で、社会人として礼儀を欠いてはいけないと諭す。

⑧　飲酒した時間と酒量、悩みやストレスの有無を確認した上で、報告なく朝に欠勤したことにより、どのような問題に発展したかを認識させ反省を促した。さらに今後の再発防止についても助言した。

⑨　社内の懲罰委員会にはかり処分すべき問題ながら、初回ということを考慮し、部内での「厳重注意」にとどめることを通知した。

3）本人への指導・教育

①　事情聴取で相互に確認した項目

・車の運転同様、酒気帯びの状態で本船業務に従事しないことを厳守する。

・飲酒の適量を自覚し、その範囲で愉しんで呑むことを覚える。

・適量を超えた場合の身体的ダメージや危険について正しく学び、理解する。

②　課内への対応

・全員へ今回の事象について情報を共有し、注意喚起を図る。

・アルコールの知識に関する資料を作成し、全員へ配信し習得させる。

・本船荷役を担当する場合の酒気帯び禁止について厳守させる。

・緊急連絡体制を再確認し、不測の事態が生じた際の連絡網を周知させ

る。

・常に緊急対応が可能となるような朝の出勤体制を再検証する。

③　酒に関する考え方

　この欠勤問題の原因には、飲酒に対する経験不足と知識のなさが挙げられる。飲酒にまつわる失敗は、世代に関係なくベテランの社会人でも見受けられるが、特に若い世代では、今後飲酒が習慣となり「酒に依存する体質」にならないよう見守る必要がある。アルコールが身体に及ぼす影響については、誰しも体験を通じある程度理解はしているものの、正しい知識を得ることで長い人生を健康に過ごすことがより可能となっていく。

　飲酒に対する指導・教育については、単に精神論や根性論だけでは効果は得られず、かえって酒の肴にされるだけとなる。正しい知識を持って飲む酒と、知らずして飲む酒の違いは、知っていることの安心感かもしれない。何事も健康を害さないことが大事である。

4）その後の成長

　仕事を欠勤したあとすぐに、次の担当本船を指定され、謹慎処分ではなく汚名返上の機会が与えられた。本人にとって今回の失敗は人生最悪の体調不良であったらしく、その後は仕事に穴を空けることはなかった。

　新入社員ゆえ軽微な失敗は何度かありながらも同職務（本船荷役監督業務）に携わり、中堅社員として評価を得ていった。入社後13年間を国内で勤務したのち、二度の海外赴任を命ぜられた。帰国後は入社当時に酒の失敗で欠勤した元部署の部長として着任し、後輩の指導にあたっている。

【事例3】

概　　要：一種元請会社（C社）：船艙に積付けたレジンのパレットが出港後
　　　　　　に荷崩れし、本船が積地の横浜港へ戻り、手直しを行った。

当該社員：入社3年目・男性・本船荷役監督（フォアマン）

1）状況・経緯

　仕事のトラブルについて本人からの説明。

① ホールドに PIPE（400 トン）とレジン（300 パレット）を積んだ。レジンはホールドの中央部に切り積みしたため、前後にダンネージ類とワイヤーでフェンスを造り、艫（オモテ）と舳（トモ）から押さえる方法で固定・固縛を行った。

② 大阪向けに出港したのち、和歌山県沖で低気圧による時化のため積付けたレジンのパレットが荷崩れした。これにより船が傾いたまま戻らなくなったため、急遽横浜港へ戻るとの報告を船会社の担当者より受けた。

③ 荷役終了後の積付け状態や固定・固縛作業終了後の本船側確認は行っており、特に指摘は受けなかった。作業会社、関連事業の責任者とも現場で仕上がりを確認し、できうる限りのベストは尽くしたと考えている。

④ 荒天による影響が原因で、大きな低気圧が来ていなければ今回のような荷崩れは発生しなかったと思う。

2）上長としての対応と経過

① ホールド内で荷崩れを起こした本船が戻ってくるため、着岸バースを確保させ、崩れた荷を船艙から一旦船外へシフトするための艀、船内作業員、検数、カーペンター、サーベイヤーなどを手配させた。

② ホールドの中央部分に切り積みするという積載場所の決定にも問題があったと判断し、セントラルプランナーと協議の上、荷崩れしたレジンの積載場所を変更することとした。

③ 作業に万全を期するため、本船の荷役監督を中堅のベテランに交代させた。

④ 船会社へ経緯を報告し、手直し作業の諸手配に漏れがないよう確認した。

⑤ 荷崩れした貨物の手直し作業に立ち会い、協力会社の責任者、サーベイヤーとともに現場検証を行った。

⑥ 船会社手配のサーベイヤーから積載場所の問題、貨物の切り積みに対する固定・固縛作業の問題、荒天による船の動揺などさまざまな要因が絡んでいるとの指摘を確認した。

⑦ 手直し作業の費用概算は、港費、作業費だけで 300 万円の見積となっ

た。その他、燃料費、備船料、船員の諸費用を含めた総費用についても、保険会社や船会社と協議した。

⑧　本船を着岸させ、朝一から昼過ぎまで時間をかけ、荷崩れした貨物の手直し作業を完了させた。

3）本人への指導・教育

①　手直し作業終了後、本人と面談した。

②　積載方法（切り積みの高さ）、固定・固縛方法（荷重を押さえる力）について、サーベイヤーから問題があったとの指摘を受けたことを本人へ伝えた。積付け状態、固定・固縛作業の終了後に本船側の検査を受け、了承を得ているが、サーベイヤーの指摘を受けた以上、当社の責任は免れないことを理解させた。

③　低気圧による荒天での船体の動揺も事故の一因と考えられるが、最も揺れが激しい船首部分と船尾部分に積付けられた他の貨物は一切荷崩れを起こしていない。

　　一方、揺れが最も少ないはずの船体中央部分で、なおかつホールドの中央（MID SHIP）に積まれたレジンだけが荷崩れを起こしている。このことから、積載方法、固定・固縛方法に何らかの問題があったことを理解すべきと伝えた。

④　できることはしたと話しているが「社会における仕事の評価は、ベストを尽くしたということではなく、結果が重要」だと理解しなければいけない。人事評価と同じで「自分の仕事の評価（善し悪し）は自分でするものではない。人事評価は組織が行い、仕事の評価も組織とお客様が行うもの」と理解させた。

⑤　本船側の了承を得たことを錦の御旗と考えてはいけない。本船荷役監督者はすべての作業に対して自ら責任を負うべきで、事故が起きた原因を慎重に見極めるようにしなければならない。自らの判断に誤りがあった場合は素直に認めることが大事である、と諭す。

⑥　本人へ積載法と力学について、再度勉強することを勧めた。

4）その後の成長

　荷崩れ事故を起こしてから数か月間、自信と積極性を失った状況が続き心配したが、黙々と仕事に打ち込みながら徐々に元気を取り戻していった。

　船舶部門での本船荷役監督では、在来船のほか自動車船、撤貨物船、重量物船などの荷役も経験し、配属から 3 年後にコンテナ事業部門へ異動した。その後、コンテナターミナルでのオペレーション部門、保税部門、営業部門、国内輸送部門を経たのち、入社した当時の職場である船舶部長として着任した。

【事例 4】

概　　要：一種元請け会社（D 社）：海難事故に遭遇したコンテナ船の入港手
　　　　　続きの要請を受け、自分では解決できないかもしれないと戸惑いな
　　　　　がらも独りで手配業務を行った。

当該社員：職務経験 7 年・女性・船舶代理店課長

1）状況・経緯

仕事のトラブルについて本人からの説明。

①　大晦日に DAY TIME 荷役船の出港業務について最終確認をしていたとき、年明けの 1 月 3 日に入港予定であった本船から「海難事故遭遇」の報せが入った。

②　本船からの連絡では「時化により海難事故が発生し、積荷のコンテナが数十本海上へ流出した。残ったコンテナも相当数がデッキ上で横倒しとなっており、ブルワークからオーバーハングし、海上へ落下寸前のコンテナが数本ある」との内容であった。

③　この一報を受け、船会社や船主へ連絡を取り確認作業を行ったが、聞けば聞くほど相当に厳しい状況で、添付写真で確認した光景は今まで見たことがない悲惨な状況であった。

　この状態で、どうやったら着岸させることができるのか、自分では解決できないと思える問題が山積し、これまで経験したことのない対応を迫られることへの絶望感も抱いてしまった。

④　年末年始の交代勤務ということで他に出勤者はおらず、大晦日の夕方に

連絡を入れ出勤させるという状況ではなかった。とりあえず官庁、船会社、船主へ連絡を取りながら、予定している1月3日の着岸に向けて独りで対応した。

　上司へ一報を入れ、何かあれば電話で都度相談をしようと考えた。自分が動かなければ何も始まらないので、まずは入港させることだけを目標にして、入港後のことは何も考えず、目の前の処理しなければいけない課題に一つひとつ取り組んだ。

⑤　海難事故にあった本船を着岸させるため、水先作業や曳船作業の担当者へ事情説明を行った。浦賀水道から東京湾、さらに東京西航路の途中で荷崩れを起こした積荷が落ちた場合も想定し、警戒船も手配した。

　日頃より良好な関係で業務を依頼している担当者から、難しい業務にもかかわらず快諾をいただき、業務の引き受けに対し感謝の気持ちを伝えた。ただし1月3日の入港が確定したわけではなかった。

⑥　一番難問だったのは、海上保安部からの許可を取得することだった。船級の許可、他船に影響の出ない日中の入出港が少ない時間帯や警戒船の確保、水先人へ安全に航行できるとの了解を取り付けていているかなど、海上保安部が納得できる判断材料を求められた。

⑦　海上保安部側も、今回のような大型コンテナ船が海難事故を受けたまま入港することは異例の出来事で、保安部内で海上交通に支障をきたさないための対策について検討している模様であった。海上保安部との交渉は深夜まで続き、とうとう新年を事務所で迎えることとなった。

⑧　お互いに新年を迎えた海上保安部の担当者（女性当直官）から、こちらが同じ女性であることを心配してくれたのか「とりあえず一旦帰宅されて出直しましょう」と言われたが帰宅せず、そのまま応接の椅子で仮眠をとった。夜が明けて世間は元旦を迎えたが、私の仕事は未だ明るさが見えない状況であった。開庁の時間を待ち、海上保安部との入港許可についての交渉を再開した。

⑨　海上保安部から要求された準備すべき対策と手配については漏れなく終わらせ、あとは海上保安部内の判断次第という状況であった。

　独り新年の事務所で海上保安部からの回答を待ったが、色よい返事は届

かず、残念ながら1月1日も過ぎていった。大晦日、元日、そして2日と交渉を繰り返しながら、やっと許可にたどり着いたのは1月2日の午後であった。

⑩　私と海上保安部の交渉結果を、今か今かと待っていたのは船会社を始め自社の本船担当部門、荷役会社、水先人会、タグボート、警戒船、検数、鑑定、綱取り作業会社など多くの関係者であった。

　　しかし、最も待ち望んでいたのは、今まさに東京湾へ向かっている本船の船長であった。本船側はドミノ倒し状態のようにブルワーク上にもたれ掛かっているデッキ上のコンテナが、いつ崩れ落ちて海上へ流れ出すか気が気でない航海を続けていた。そういう状況下で私からの入港許可取得の報せに、電話の向こうで安堵し喜んでくれている船長の様子がひしひしと伝わってきた。

⑪　翌1月3日、船会社、船主、ターミナルオペレーター、荷役会社、海上保安官、代理店担当者など多くの関係者が岸壁で待機するなか、予定通り本船を着岸させることができた。

⑫　いざ入港し着岸させると、着岸後の業務は荷役担当部署の課長が引き継ぎ、海難にあった貨物を本船からエプロンへ揚げる作業や蔵置場所の確保、外国貨物仮陸揚げ届けの税関対応など、その連携と団結力を見たときに、私独りで頑張っていたのではないのだと実感した。

⑬　荷役担当部署、船会社担当者などから今回の対応につき、良く頑張ったとの労いの言葉をかけていただいた。私が手配交渉に当たっていた間に、上司が関係するすべての部署に対して旗振りを行い、関係者全員が一丸となって準備に走ってくれていたことに感激した。改めて仕事は独りでするのではなく、チームプレイで行うことの大切さを実感した。

⑭　今回の手配業務を経験し、代理店業務の重要性と、困難な仕事でもやり遂げるという、強い気持ちで仕事をすることの大切さを再認識した。また、海難に遭遇した船を入港させるという目的のため、海上保安部をはじめ多くの関係者がそれぞれの立場で知恵を絞り、万全の態勢で臨み、結果を出すことができたことは喜びであり、自分の仕事への誇りとやり甲斐を感じた。

2）上長としての対応と経過

①　年末年始の期間中に、出勤していた代理店課長から報告を受け、代理店業務のみならず通過貨物の荷直し作業に対する全般の手配について、関係する部署の責任者へ検討を指示し、情報の水平展開を行った。

　　本船荷役と事故処理を合わせた作業時間（日数）によっては、岸壁が海難事故船に占有され、他の本船が接岸できなくなることも想定したバースウインド（本船がバースを利用可能な曜日・時間帯）の調整に対しても検討を行った。

②　代理店課長から、通常の入港申請では許可されない条件付きの難しい手配になることの報告を受け、船会社や官庁関係、水先人会、曳船、防災船などとの交渉で、必要な場合は自ら関わることを課長へ伝え、安心させた。

③　応援の代理店課員を緊急招集させることを提案したが、本人から応援は必要ないとの判断を得て、他の課員は待機させることとした。

④　大晦日の夕方から開始した海難遭遇船の入港手配であったため、海上保安部からの許可取得に困難を極めたが、課長の粘り強い交渉と誠実な交渉姿勢、さらに多くの関係者の協力を得て、入港前日のぎりぎりのタイミングで手配業務を無事完了させ、顧客の期待に応えることができた。

⑤　大晦日と年明けに代理店課長自ら当番として出勤していたことで、困難な諸手配を独りで乗り切ることができた。今回の成功例は、普段からの緊急事態が発生した場合の対処訓練、緊急連絡網の活用、さらに代理店業務に関するノウハウの蓄積など、組織としての総合力が備わっていたことが、困難な状況の打開を可能にしたと判断する。

⑥　当該本船の事故処理作業は、当港の貨物のみならず、デッキ上で荷崩れし両舷から海上へ落下の可能性がある通過貨物までも荷直ししなければ、出港が許可されないとの判断が海上保安部より通知されたため、当初の見込みから長く時間を要した。

　　これは、当港の岸壁を離れた後、航路や湾内など公海上で船上の貨物が海上へ落下し、他の船舶へ被害を与えることへの危険性を排除するための海上保安部としての判断であった。すべての作業を終えたのは入港から4

日後の1月7日で、同日に出港した。

3）本人への指導・教育

① 今回の海難遭遇船に対する一連の入港手続きについて取りまとめ、今後の同ケースへの対応へ活かすことを指示した。

② 何事も経験をすることが大事であるため、既に実施しているソーラス訓練の他に、代理店課内部で定期的に今回のような事例を見立てた事案を作成し、新人への教育を兼ねた模擬訓練を検討するよう指示した。

③ 今回は無事に手配業務ができたため顧客へ迷惑をかけずに済んだが、ことが常にうまく進むとは限らないため、一人体制で出勤させる場合は、あらかじめ管理職を中心に緊急対応ができる体制を改めて明確にしておくよう指示した。

4）その後の成長

以下に、本事例の本人の言葉を記す。

これまで、上司からかけられて印象に残る言葉・ありがたかった言葉に「出る杭は打たれる」がある。この言葉をかけられた後に、心境の変化があった。

言われたときはネガティブに捉えてしまい「なぜそんなことを言うのだろう」と考えた。しかし、その上司は男性ばかりの社会に女性が活躍することで嫉まれたり、嫌な思いをしたりしないか心配し、優しさから発した言葉であったと考えている。いままでに男性から心が折れるような言葉を浴びせられたこともあったが、男性社会で嫌な思いをしないように何かあったらすぐに盾になってくれるような上司がいたので、逆に伸び伸びと仕事をさせてもらえた気がする。

管理職となり、これまで以上に女性目線で改善できることは積極的に改善してきた。男性社会を逆手にとって、できないことは素直に受け入れ、できることは誰よりも頑張り、結果的に「出過ぎる杭」になったことで打たれなくなったように思える。後に続く後輩の女性たちには「打たれたら、打たれた頭をそのまま引っ込めるのではなく、それを糧にしてさらに頭を高く掲げて自分自身を強く成長させること」を、女性としてではなく、社会人の先輩として教えて

いきたい。

　以上、仕事上で発生したトラブルから、部下への指導、部下の成長に関する事例を紹介した。仕事上のトラブルはさまざまなものがあり、指導する上司も、指導される部下もさまざまな人がいる。紹介した事例は、そのうちのごく一部ではあるが、上司・部下の双方のやり取りなどは、多くの現場で共通するものがあるはずである。

【参考文献】
1)「船内作業主任者能力向上教育の講習」資料
2)　ダイトーコーポレーション人事部、「新入社員・内定者合同研修」

第7章　港湾人材育成の取組み（教育編）

　筆者は、職業能力開発施設に通う離職者や若者のキャリア教育・キャリアガイダンスの現場に20年近く携わってきた。当初は、職業能力開発施設で離職者訓練を担当しており、自己都合にせよ会社都合にせよ何らかの事情で離職して入所してきた受講生に対して、独自のマーケティング発想を取り入れたモチベーションアップの「やる気」創出指導法により就職率100％を達成してきた。

　当時は、大手金融機関の倒産や大手流通企業の大規模なリストラの影響で、どちらかというと中高年の受講生が多かった。2013年4月に現在所属している港湾カレッジに異動となり、高校卒業後入校してきた18歳の若者から、大学（または大学院）卒業後就職するもミスマッチで退職した若者や大学・専門学校中退、ニート・フリーター経験者など30歳半ばまでのさまざまな若者の教育・指導に携わってきた。共通しているのは、社会に出て活躍している人材が学生時代に優秀だったかというと、必ずしもそうではないということだ。

　本章では、まず、港湾人材育成機関では、どのような教育指導をしているのか、主にカリキュラムと指導者側の視点に着目する。また、筆者が教育指導する上で留意してきたことにも言及する。

7.1　港湾人材育成機関の取組み

　港湾荷役・物流に関連した職業訓練を実施している公共施設は4施設ある。そのうち、港湾カレッジ横浜校の港湾流通科のカリキュラム構成は、図7.1のとおりである。

　港湾業種に就いてもらうために学生を指導する教員は、民間企業を経験した者が多く、職業訓練指導員の国家資格を持ち、さらに、専門分野である通関士、中小企業診断士、税理士、キャリアコンサルティング技能士、情報処理技術者等の国家資格を所有しており、実践的な教育に注力している。

　教育指導にあたって筆者は、学生が座学で学んだことについて、できるだけ現場に足を運んで実際の仕事の様子を見学させた。第3章で見た調査結果のとおり、リアリティショックをできるだけ軽減することが、入社後継続的に働く

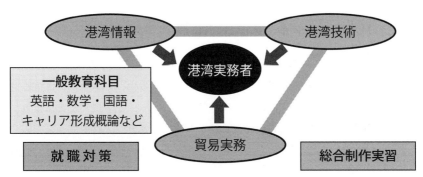

図 7.1　港湾流通科のカリキュラム構成
（出所：港湾カレッジオープンキャンパスの筆者作成資料より一部抜粋）

上で不可欠だと考えていたからである。進路選択の際に、ミスマッチを避け、自分がやりたい仕事のイメージをつかんでもらうためでもある。筆者は、「見て（視覚）、聞いて（聴覚）、嗅いで（臭覚）、触って（触覚）、感じて」五感を使った教育・指導を心がけてきた。残念ながら、味わう（味覚）までは実現できなかったが、フィールド見学は学生たちにも人気があった。港湾カレッジは、横浜市中区本牧ふ頭一番地にあり、まさに日本を代表する貿易港横浜の中心である。「港」に関する知識を習得するには、最高の環境といえよう。

　人材育成の観点からは、「技能訓練」や「職業訓練」にとどまらず、さらに広い「人間形成」を含めた「教育」の意義を教えるという視点が不可欠である。そのため、一般教育科目である「英語」「数学」「国語」「物理」といった読み・書き・そろばん・力学等の基礎から「キャリア形成」における働く意味や意義、人生をどのように歩んでいくかといった自分のキャリアデザインの仕方も重要であることを強調しておきたい。これは、港湾カレッジのモデルとなったオランダの「ロッテルダム港湾運輸専門学校」（Haver-Vervoer College）も運輸・港湾と直接関係のない一般教養や体育を重要視していたことと共通する。

　筆者が港湾カレッジにおいて担当していた科目および教育指導してきた内容と指導上の留意点は、港湾関係業種に就く方にとっても有益と思われるので、そのなかでも特に重要な「キャリア関連科目」ついて紹介する。なお、その他の科目については、巻末の付録3に掲載しているので、参照いただきたい。

7.2　日本版デュアルシステム訓練

　港湾ロジスティクス科は、ドイツのデュアルシステムを手本にして2004年4月に厚生労働省と文部科学省が連携してスタートした、日本版「デュアルシステム訓練」である。「学校と企業の両方（デュアル）で学ぶ」ことにより、一人前の職業人を育てる新しい職業訓練システムであり、人材育成システムである。企業実習・就労型実習と並行してこれに関わる内容の座学を学び、就職に直結した訓練を行う。

　長期2年のコース（専門課程活用型）であり、2年間の課程では、港湾流通、ロジスティクス、荷役、通関などの学科を学ぶだけでなく、港湾企業における企業実習（1か月）と就労型実習（3〜6か月）により港湾物流の実務を学び、企業ニーズに即応した実践力を身に付け、修了時には全員の正規常用就職をめざすものである。

　また、専門の就職支援アドバイザーによるキャリアカウンセリングも実施しており、きめ細やかな就職支援を行っている。2年間の総単位数は、必修科目が140単位、選択科目も含めると164単位となる。1科目（基本2単位）は、100分授業で2時間とすると、36時間となり、総訓練時間は、2,520〜2,952時間となる。これは、4年制大学並みの授業時間であり、十分な実習時間をとった実学融合のカリキュラムとなっている。2年間のコースの流れは、以下のとおりである（図7.2）。

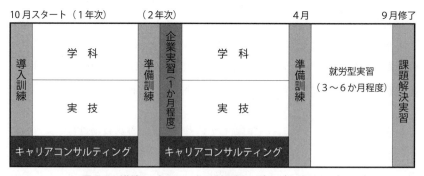

図7.2　港湾ロジスティクス科展開モデル（2年コース）
就職支援のためのキャリアコンサルティングは随時実施

7.3 「キャリア形成概論」の概要と意義

　導入訓練のオリエンテーションと一体化して進め、挫折経験のある学生のネガティブマインドをいかにポジティブマインドに切り替えるかが重要になってくる。

　自分ひとりの殻に閉じこもらず、1人の就職活動からクラス全員の就職活動へと広げ、できる範囲で自己開示と他者からのフィードバックを円滑に行い、コミュニケーション能力を高められるように工夫を凝らした授業計画を立てて実施される（表7.1）。

　挫折経験のある自信のないネガティブマインドの学生に接するにあたり、また、クラスマネジメントを実施する上で、最初のオリエンテーションは大変重要である。これは、離職者訓練の受講生がリストラによる解雇や退職勧奨等により精神的に自信を喪失し、ネガティブマインドであったことと同様だったため、以下のとおり、同じ手法で取り組んだ。

1) 初回のオリエンテーションで、全員就職が目標の1チームとなること
2) 朝礼時の3分間スピーチで、自分の目標、強み、成功体験、失敗経験等テーマに合わせて自信をもって話すことができるようになること
3) 何事も前向きに肯定的に考えること（ポジティブシンキング）
4) 他者を理解し、他者から学ぶこと
5) 自分から声をかけること（コミュニケーション力）
6) へこたれない心の強さを養うこと（レジリエンス）

　「キャリア形成概論」の授業の最後には、メンタルヘルスと超高齢社会における若者のキャリア問題（ニート・フリーターなど）をテーマに講義し、グループ討議を行う。両者とも今後社会に出て働く上で重要なテーマである。

(1) オリエンテーションの重要性

　港湾カレッジの入所式の翌日に、担任によるオリエンテーションが行われる。学生に対して、どのように訓練へ取り組むべきかという「意識付け」ができるかどうかで、その後の訓練効果に大きく影響するからである。受講の注意事項や日直当番の仕事内容やクラス運営についての諸注意はどの担任教員も実

表 7.1　「キャリア形成概論」のカリキュラム

回数	訓練の内容	運営方法	訓練課題　予習・復習
1 週	ガイダンス	講義	
2 週	キャリアとは？キャリア形成の重要性（今なぜキャリア形成支援か？）	講義・演習	
3 週	キャリア理論	講義・演習	スーパーの役割
4 週	自己理解 1	演習（個人・ペア・グループ）	夢のワーク、ホランドの職業興味（VPI）
5 週	自己理解 2	演習（個人・ペア・グループ）	キャリア・アンカー
6 週	自己理解 3	演習（個人・ペア・グループ）	強み・弱み（読み替え）のワーク
7 週	自己理解 4	演習（個人・ペア・グループ）	サビカスのワーク、自分史（注 1）
8 週	自己理解 5（自己理解のまとめ）	演習（個人・ペア・グループ）	エゴグラム結果からのポジティブシンキングへの自己変容
9 週	仕事理解 1	グループ討議	労働市場の現状
10 週	仕事理解 2	グループ討議	業界・企業研究
11 週	仕事理解 3	講義・演習	インタビュー
12 週	求められる人材とは？	講義・演習	社会人基礎力
13 週	①　就職活動の手引き ②　港の仕事と企業―港湾運送事業とその業務 ③　港湾運送事業の構造 ④　現状の労働環境（労働環境、雇用・就労形態） ⑤　企業が求めている人材像	講義	ゲストスピーカー（港湾・物流企業経験者）
14 週	将来の方向性が同じグループごとに、インタビューした結果に基づきグループ討議し、結果をグループごとに発表する。 （全員参加） テーマ：その業界や会社で求められる人材像とは？それを今後の就職活動や入社後にどのように活かすか？等	発表	発表後の質疑応答により、グループからクラス全体の知識・考え方の共有化を図る
15 週	キャリア形成支援とメンタルヘルス	講義・グループ討議	
16 週	少子高齢化社会と若者のキャリア問題（ニート・フリーター）	講義・グループ討議	
17 週	まとめ	講義・演習	
18 週	試験		

注 1：2018（平成 30）年以降、学生の状況を見て変更。
　　　それ以前は、YG 性格検査・エニアグラムを実施。

施している内容だが、筆者が毎回力を入れているのは次の2つである。

ひとつは、「私たちのGOALは、クラス全員が修了式の当日までに就職または内定、起業する、すなわち就職率100%を達成すること」である。カルチャーセンターではなく、職業訓練施設なので、訓練の目標は就職であることを徹底的に意識付けする。

もうひとつは、クラス全員がひとつのチームとなって目標を達成しようという雰囲気作りである。そのために必ず行うのが、アイスブレイクのひとつの手法である「自己紹介・他己紹介」だ。自己紹介は自分のことを紹介するので簡単だが、他己紹介は、相手が自己紹介したことを聴いて、聴いた内容を相手または他の人にフィードバックするので、しっかり相手の話を聴いてないと行えない。このワークを通じて、最終的に4人（または6人）のグループになって「カレッジの2年間の訓練期間の過ごし方」を話し合ってもらい、最後にグループごとに発表してもらう。発表までの段階では、グループ内のメンバーとのコミュニケーションしかできていないが、各グループの発表を通じてクラス全体の訓練期間の過ごし方の目標を共有できることになる。全グループの発表が終了したころには、クラス全体がひとつの「チーム」となってGOALに向かってお互い協力し合う雰囲気とネットワークができていることが肝心である。すなわち、自分ひとりの就職活動ではなく、同じ目標を持ったクラスメイトがいて、一緒に頑張ろうというモチベーションの構築と、この訓練に参加して良かった、またはこのクラスに入れて良かったという気持ちに初日のスタートの段階でなっていることが、これから始まる2年間のクラス運営にとって大変重要なことだと確信している。このことは、ラグビーなどのチームスポーツにも当てはまるばかりでなく、企業の組織においても当てはまる。

(2) 3分間スピーチとナレッジマネジメントの活用

朝礼では、担任からの連絡事項が終わると、日直当番による3分間スピーチを行う。プレゼンテーションによる自己表現力アップの練習で、これにより、面接時に自己PRを効果的に行えるようにする目的もある。まずは、マイクがなくても教室全体に聞こえるだけの大きな声ではっきりとわかりやすく話すことが第1ステップだ。大きな声を出せない人は、お腹から声を出す発声練習を

し、アナウンサーのように「ア、エ、イ、ウ、エ、オ、ア、オ」とはっきり発音できるように滑舌練習をすることもあった。

　テーマは、あらかじめ担任から連絡しておく。筆者のクラスでは、初回のテーマは「私の今後の夢・目標」に決めていたが、理由は以下のとおりである。

1) カレッジ入学という節目の時期に、自分を振り返ることが、今後のキャリア形成につながる。

2) 訓練の始まりの段階で、夢や目標を考えさせ、その達成のために何をするべきかを考えさせることが、今後の具体的な行動につながる。

3) クラスメイトで同じ夢・目標を持っている人と情報共有することで、今後の情報交換につながる。

　2回目の3分間スピーチのテーマは、「私の強み・弱み」、「私の成功体験」、「私が失敗経験から学んだこと」などである。このテーマは、次節で説明するキャリア形成支援の講義内容とリンクしている。通常、2回目が回ってくるのは開講後約1か月ごろであるが、このころになると、キャリア形成支援の講義テーマである「自己理解」が終わり、次のテーマである「仕事理解」や、早い人では職務経歴書や履歴書の応募書類の準備を進めている。これらの講義内容とリンクして一番相乗効果の上がるテーマを選ぶことにしている。よって、担当クラスの学生のプロフィールや就職活動状況、ニーズを理解した上で最適なテーマを決める。

　3回目以降のテーマについては、就職活動関連にする。「就職活動現況その1」、「就職活動現況その2」といった具合だ。当時、17人クラスであり開講後35日目だと2か月目に入るころである。2年間のコースだが、早く就職したい人は次々と面接を受け、内定が決まり早期退所する人もいる。就職活動に消極的な学生も、そろそろ本格的に就職活動を始めなければならない時期であるから、その時点で実施している活動を発表する。これにより、一人だけの就職活動ではなく、クラス全員で就職活動情報を共有することを目的にした。特に、早期に就職したい学生の中でその時点で既に面接を受けている人は、必ず面接の体験談を話すよう依頼した。どこが良かったのか、またはどこが悪かったのか、面接官からの質問の内容はどうだったのか（いじわる質問等）、実際体験した面接の結果をクラス全員の前で話してもらうことにより、今後面接を

受ける他の学生に有益な情報を提供できたばかりでなく、これから本格的に就職活動をしようとしている学生に一歩踏み出させる動機付けとなった。

また、日直当番でなくても前日に面接を受けた学生は、朝礼時に体験談を発表してもらうことにした。さらに、有益な就職活動情報は、3分間スピーチのみならず、クラスの共有フォルダに情報を落としてもらったり、グループメールで役に立つ Web サイトを紹介してもらったり、個人のナレッジをクラス全体のナレッジに共有することにより、効果的な就職活動ができる環境を構築していった。これによって、誰か一人の内定が決まると、他の受講生にも連鎖していき、次々に内定が決まるという好循環が起こった。ここでは、単にナレッジの共有化だけでなく、内定したという当該学生の喜びや感動もクラス全体で共有化することが重要である。

これによりチームとしての団結力が強まり、皆で就職活動を頑張ろう、という気運が高まったのである。3分間スピーチは、学生個々の面接対策という位置付けのみならず、むしろ集団指導という観点からはナレッジマネジメントの活用の成功例といえよう。ナレッジマネジメントとは、社員が持つ知識や経験、ノウハウを企業内で共有することで企業全体の生産性や競争力、企業価値を高めていく経営手法であるが、企業の経営手法のみならず、職業訓練の現場においても有効な方法なのである。

7.4 「キャリア形成概論」の授業内容と指導法

クラスマネジメントと一番密接に連携して実施したのが「キャリア形成概論」の授業である（表7.1参照）。特に、重要な「自己理解」、「仕事理解」、「自己表現力」の授業内容と指導法について述べる。

(1)「自己理解」の授業内容と指導法

「自己理解」は、キャリア形成支援の授業の中で一番重要であり、力を入れて実施しているテーマである。まずは、自分自身を振り返って見つめ直すという自分の棚卸のワークは、高校卒業、大学中退、離職、港湾カレッジ入校などの節目だからこそできることで、学生の皆さんはラッキーだ、という意識付けから始める。正社員として働いている人は、日々の業務に追われて、なかなか

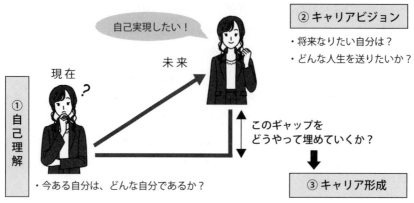

図 7.3　現在と未来の自分
（出所：筆者作成）

自分を振り返って見つめ直す時間を見出すことは難しい。あえて皆さんはラッキーだと言って発想の転換をするのである。

　次に、「キャリア」とは何か、これから何がしたいのか、仕事上の目的地「キャリアビジョン」はどこなのか、将来のなりたい自分に対して今の自分はどうか、そのギャップを埋めるにはどうすればいいのか（キャリア形成）、自己実現欲求とは何か、などを投げかけて考えさせる（図 7.3 参照）。

　その結果、キャリア形成を考える上で一番大切なことは、自分自身をどれだけ知って理解しているかという「自己理解」であることに気付かせ、実際は自分という一番身近な存在すらわかっているようでわかっていないという現実に直面させるのである。それから、自己理解のワークに入っていく。

　自己理解の方法は、大きく分けて、

　　① 　自己省察
　　② 　他者からのフィードバック
　　③ 　各種検査ツールの活用

の３つがあるが、これらを総合的に組み合わせて実施した。特に、ペアワーク、グループワークを取り入れ、自己開示とフィードバックにより、気付いていない自分（Blind Self）を発見させることに時間をかけた（図 7.4 参照）。

　この理由は、毎回講義終了後に実施しているアンケートの結果から、ペア

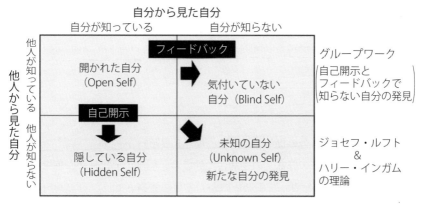

図7.4　気付いていない「自分」を発見するジョハリの窓
(出所：筆者作成)

ワークやグループワークによる他者からの気付きが新たな自分を発見する上で
大変参考になったという感想が突出して多かったからである。最初は自己開示
に抵抗を持っていた学生も、ペアワークやグループワークが進むにつれ徐々に
自己開示できるようになっていった。相手が自己開示すればするほど、自分も
つられて自己開示できるようになる。ある意味で Give & Take といえよう。た
だし、どうしても自己開示できない、したくないという学生については個人面
談をし、自己開示の大切さを説明した。これによって、徐々に自分の殻から飛
び出し他の学生とコミュニケーションを取れるようになった。

　図7.4の「ジョハリの窓」は、自己分析を通じて他者との関係を知り、コミュ
ニケーションを向上させる方法を模索する心理学モデルである。具体的には4
つの視点（窓）から自己分析を行い、自分と他者の認識のズレを発見するため
のツールで、集団における自己理解を深める手法として、グループワークなど
でよく利用される。

　ジョハリの窓では、主に「自分から見た自分」と「他者から見た自分」の認
識の差異を知ることができる。たとえば、秘密主義で自分のことをあまり表に
出さない人が利用すれば、周りから抱かれるイメージと自己イメージとの差に
さまざまな気付きが得られるだろう。

　一方、自己評価が不当に低く、いまひとつ自信が持てていない者にとって

は、周りからの意外な高評価を知るきっかけになる場合もある。

　さらに、自己理解のワークの切り口として、

　　① 　夢・興味

　　② 　価値観

　　③ 　人柄

　　④ 　能力

の4つの視点から自分の棚卸を進めた（図7.5参照）。

　①の仕事上の「夢・興味」の棚卸については、将来の夢は何か、何をやりたいのか（興味）、何をやりたくないのか、を自己省察させ、ワークシートに手書きで記入させる。あえて手書きにすることにより、手を動かして脳に刺激を与えるよう工夫した。

　子供のころの夢から遡って現在の自分の夢まで振り返るので、年齢が高い人ほど大変な作業である。この個人ワークが終わるとペアワークでお互いに情報交換する。交換した情報を他己紹介の要領でフィードバックさせた。2〜3組のペアにはクラス全員の前で発表してもらったが、これにより、プレゼンテーションの練習はもちろんのこと、何よりもクラス全員での情報共有による相互

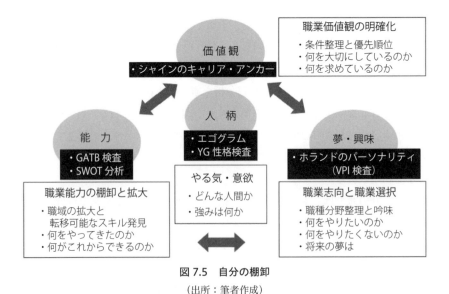

図 7.5　自分の棚卸

（出所：筆者作成）

理解が深まった。

②の「価値観」の棚卸については、仕事を選択する上で何を大切にしているか、何を求めているかをワークシートに書かせた。すなわち、あなたは何にこだわってどんな「モノサシ」で物事を判断しているか、それは、仕事の内容なのか、収入なのか、社会的な地位か、家族か、などである。このモノサシが満たされる仕事に就けば満足感が得られる。

個人ワークのあとで上述の①と同様にペアワークによる情報交換、他己紹介の要領でフィードバックし、さらに2～3組のペアにクラス全員の前で発表させた。また、検査ツールとして、シャインのキャリア・アンカーを活用した。

キャリア・アンカーのアンカーは、錨。人生という大海原に出た自分という船は、いつも穏やかな海とは限らない。時には、嵐に直面することもあれば、時化に遭遇することもある。その時に、錨をおろしていれば、船は揺れても何とかとどまることができる。その錨が何であるか、あらかじめ知っておくことが重要であり、それがキャリア・アンカーなのである（第3章3.4参照）。

③の「人柄」の棚卸については、あなたはどんな人間か、強みは何か、弱みは何か、を自己省察させる。この個人ワークは、①や②に比べ応募書類に直接反映できる内容なので、特に強みについては自分という商品のコピーライターになったつもりで表現に工夫し、他の商品と差別化できるキャッチコピーを考えるよう指導した。「就職活動は、あなたという商品をPRするマーケティング活動です。」という位置付けからSWOT分析の説明をし、徐々に求人市場における自分の位置付けや価値を考えさせるようもっていった。SWOTとは、Strengths（強み）、Weaknesses（弱み）、Opportunities（機会）、Threats（脅威）のこと。SとWを内部環境、OとTを外部環境といい、企業のマーケティング戦略で使われる。マーケティングとは、簡単に表現すると、「商品やサービスが売れるしくみを作ること」である。ここでは、自分という商品を分析するために使用した（図7.6参照）。

また、検査ツールでは、YG性格検査（付録2 p186 *5参照）とエゴグラム（付録2 p185参照）を活用した。この2つの検査結果は、比較的自分の性格をよく示していたようである。特に、エゴグラムの結果からの「ポジティブシンキングへの自己変容目標ワーク」は人気があり、自分の行動を前向きに変え

私の就職活動（　自分について　）　　　　　　　　（氏名　　　　　　　　）

環境分析と戦略のフレームワーク SWOT分析	
内部環境（組織内部）	
強み(Strengths)	弱み(Weaknesses)
外部環境（社会、経済、競合環境）	
機会(ビジネスチャンス)(Opportunities)	脅威(Threats)

図 7.6　SWOT 分析による自分の棚卸

（出所：筆者作成）

ることにより考え方も前向きになれたというフィードバックを多くもらった。

　④の「能力」の棚卸は、自己理解の４つのワークの中で一番時間のかかる作業である。あなたは何をやってきたか、何ができるのか、仕事上のキャリアを直近の仕事から棚卸してもらう。

　港湾ロジスティクス科の学生は、アルバイトの経験があるという場合が多く、だからこそ、港湾・物流企業で即戦力として働けるように知識と技能・技術を身に付けるために港湾カレッジに入校してきたのである。そのため、正社員・契約社員等アルバイト以外の職歴のある学生を除いては、職務経歴書の代わりに自己紹介書を記入してもらい、履歴書、自己紹介書、送り状が応募書類の３点セットとなる。

　自己紹介書には、「志望動機」「自己 PR」「趣味・特技」の３項目を A4 判の用紙縦に１枚でまとめるよう指導した。「自己 PR」では、上述した SWOT 分析の考え方を取り入れ、自分の強みを最大限にアピールできるようにした。完成レベルに達していない学生は、個人面談してフォローアップした。この添削作業は時間的にも作業的にも大変ではあったが、職務経歴書の完成度は高いレ

ベルになり、応募した企業からの評価は上々であった。

　ほとんどが、このような自己理解のワークをしたことがなかったため、自分を振り返るいい機会となったと感謝された。実施後のアンケートで印象に残った言葉がある。「過去の事実は変えられないが、過去の見方は変えられる」という言葉で気持ちが癒されたというのだ。特に、不登校や引きこもりを経験した学生にとっては精神的に辛い時期である。集団指導の中にも、常に精神的なケアをしながら授業を進めていく配慮は不可欠である。なお、自己理解ワークのサンプルを付録2に紹介する。

(2)「仕事理解」の授業内容と指導法

　自分がどういう人間か、将来何をやりたいのか、何ができるのか、強みは何かなど自分という商品のプロフィールが見えてきた段階で、次にその商品を売り出す外部市場の状況を理解させる。具体的には、

　① 　労働市場、特に求人市場はどうなっているのか

　② 　どんな仕事があるのか

を説明する。港湾カレッジの場合は、入校の段階で、将来は港湾企業か物流企業への就職を希望する学生を受け入れているため、港湾・物流業界の仕事や職種について具体的に調べることになる。

　まず、①については、労働市場の現状を統計データ（厚生労働省や東京労働局のHP等参考）に基づき説明する。完全失業者数、完全失業率、有効求人倍率の全国および各都道府県の推移を示し、学生が就職を考えている地域の求人市場がどうなっているか理解させた。

　また、ミスマッチの現状として、年齢、職種、雇用形態、地域によって有効求人倍率に開きがあることを説明した。特に、

　① 　15〜24歳まで若者の完全失業率が他の年代より高い

　② 　正規社員と非正規社員の生涯賃金の格差は、年齢が高くなるにつれて広がり、45〜54歳では正社員の半分以下

　③ 　20〜24歳の若者の方が、他の年代よりパート、派遣、契約社員等の非正規社員の雇用比率の伸びが大きい

　④ 　フリーターから正社員への転職状況は、フリーターの期間が長いほど正

　　社員になることが難しい

　⑤　中学、高校、大学卒業後3年以内の離職率は、それぞれ約7割、5割、

　　3割（七五三現象）

　⑥　ニート・フリーター問題

などを提示し、グループ討議の時間を設けた。

　②については、書籍・雑誌やインターネットからの情報のほか、実際に仕事

をしている人からヒアリングするなどの方法を紹介した。

　キャリア・インサイト（職業適性診断システム）等のITツールの活用は有

効だが、やはり自分の周りにいる身近な人（家族、親戚、先輩など）でその仕

事を実際にしている人から話を聞いたり、アルバイトで実体験したりすること

が重要である。

　次に、ある程度方向性が見えてきたところで、方向別のグループ分けをす

る。港湾企業の作業職か、事務職か、物流企業（運輸・倉庫）の作業職か、事

務職か、同じ方向を考えている人たちで集まり、どうしたら希望の仕事が見つ

かるかグループ討議をしてその結果を発表してもらう。このグループ討議は、

就職活動に消極的だった学生にとっては特に効果的だった。就職活動積極派の

人から有益な情報を共有できるばかりでなく、行動に火をつけることになった。

(3)「自己表現力」（応募書類と面接）の授業内容と指導法

　応募書類3点セットについては、集団講義で原則的な説明をし、その後は、

個別に放課後添削指導をした。やはり、17人いれば17通りの個性とキャリア

があるため、応募書類については、個人指導が中心となった。

　一方、面接指導についても、まずはDVD等を活用し、集団講義で原則的な

基本を説明した。以前の離職者訓練のときは、「仕事理解」の講義で同じ方向

性に分けたグループごとに模擬面接を実施したが、課内授業の中では時間が取

れなかったことと、早く就職したい学生と最後まで授業に出席して卒業したい

学生との間には就職に対する意欲・取組み姿勢に温度差があったことから、課

外授業として個別の模擬面接指導が中心となった。

　グループ模擬面接のメリットは、被面接者以外もオブザーバーとして模擬面

接に参加し、被面接者の応対を観察して友情評価シート（必ず良かった点をプ

レゼントする）に記入させることにより、他者からの学びができることである。面接終了後、オブザーバーにも一人ひとり被面接者を観察した気付きをコメントさせ、友情評価シートをプレゼントしてもらった。

　また、模擬面接は基本的にビデオカメラで撮影した。グループ全員の模擬面接が終了した時点で撮影したテープを渡し、グループごとに教室で再生した。面接を受けた本人が気付いたこと、良かった点、改善すべき点などをまとめて提出してもらった。思っていた自分と違って見えたという感想が圧倒的に多く、特に、話し方や動作の癖を発見し、さまざまな気付きがあったようだ。当初はビデオ撮影に抵抗していた学生も、本番の面接で大変役に立ったと話していた。模擬面接は、ほんの10分ほどのやり取りであるが、クラスメイトに見られて模擬面接を受けることは本番の面接より緊張するとの感想も聞かれた。

　この経験が本番の面接での冷静に対応につながるとして実施している。ただし、個人情報に差し障りのない質問を選び、主として話し方、入室・退室の姿勢、ノックの仕方、イスの座り方と姿勢、表情（視線、笑顔等）をチェックすることに主眼を置いた。これは、面接は最初の3分で決まるといわれるほど第一印象が大切だからである（メラビアンの法則）。

　一方、並行して、希望者へ放課後に個別の模擬面接を実施した。個別模擬面接では、志望動機、学生時代に打ち込んできたこと、自己PR等を掘り下げて質問し、一貫性があるか、熱意は感じられるか、自信を持って答えているかなど細かく指導した。面接官は担任以外にも、就職支援アドバイザーや他科の教員などにも依頼し、緊張感・臨場感を持たせた。

7.5　学生のタイプ別キャリアガイダンスの実施

　開講直後に第1回個人面談を実施し、学生のニーズを探った。大学を卒業したものの公務員試験で挫折したり、就職活動に失敗して正社員になれず有期のトライアル雇用に入るも正社員に転換できなかったり、大学・専門学校を中退したり、高校卒業後フリーターになったりと、それぞれ事情はあったものの、現状の置かれた状況から脱皮し、港湾・物流業界で正社員として就職したいという目的は同じだった。

　学生によって、早期に就職したいのか、短大卒業のキャリアがほしいので最

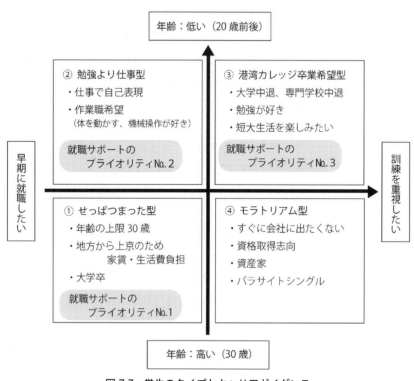

図 7.7　学生のタイプとキャリアガイダンス

（出所：筆者作成）

後まで訓練を受けたいのか、などの違いや、作業職として働きたいのか、事務職として働きたいのかという将来の職種の方向性の違いも見られた。そこで、学生のタイプを、早期就職したいか訓練を重視したいか、年齢の高低、または、将来の希望職種が作業職か事務職かという 3 つの軸から前者の 2 軸で市場細分化してみた。さらに、その細分化した 4 つのグループ別に就職支援のプライオリティを付加した（図 7.7 参照）。

　まず第一に就職支援すべきタイプは「せっぱつまった型」である。学生の受け入れ上限年齢の 30 歳で、地方出身。家賃や生活費の負担が大きく、できるだけ早く就職して稼ぎたい、正社員の経験がないが、資格を活かして港湾企業で正社員として一刻も早く働きたい、また、収入が安定したら家族も持ちたい、というタイプ。そのため、入校後すぐに自分の棚卸をしっかり行ってもら

い、方向性を決めた上で、早々に応募書類作成に取り組むよう個人指導した。
同時に、就職採用企業との窓口担当者に、希望の職種等を伝え、求人情報を探
るとともに、企業へ当該学生のプロフィールをアピールした。

　次に就職支援したタイプは「勉強より仕事型」。勉強や訓練より早く仕事を
通じて自己実現したいと考えている。年齢が比較的若く、港湾企業で体を動か
す、また、フォークリフトやガントリークレーン等の機械を操作する仕事がし
たい。そのため、フォークリフトや移動式クレーンの運転免許を取得したいと
いう積極的なタイプ。勉強は苦手で嫌いな方だが、機械操作等の作業には自信
がある。そのため、作業職の求人を探し、積極的に応募させた。

　3番目に支援したのは「カレッジ卒業希望型」。大学中退、または専門学校
中退した学生の多くは、短大卒業という学歴がほしいとのこと。中退理由は、
ミスマッチが多く、親に言われて進学したが、入学してみると内容が違ってい
た、勉強に追いつけない、向いてなかった、不登校になったなどである。その
ため、短大卒業という学歴にこだわりたい学生が多かった。どちらかという
と、作業職より事務職志向。「勉強より仕事型」の学生と比較すると、おとな
しい性格が多かったため、模擬面接指導に力を入れた。具体的には、大きな声
を出して、自信を持って話す練習と、てきぱきと機敏な動作の練習をした。

　最後に「モラトリアム型」。自分の将来の方向性をなかなか決められずに迷
うタイプ。貿易実務検定や通関士等の事務系の資格取得志向が強い。20代後
半から30歳で、自宅から通学し、学費も親が負担。自立していないタイプ。
どちらかというと、内定してもすぐに働かず、最後まで訓練を受講して社会に
出る時期を遅らせたい学生や、仕事よりじっくり勉強したいタイプで、就職支
援においては一番手を焼くタイプであった。

　この市場細分化は、マーケティングの発想を活用したものである。2013年
から5年間勤務したホワイトカラー系に特化した離職者訓練施設で実施し、当
時、管理・事務職系の有効求人倍率が0.31倍かつ中高年のリストラが横行し
た時代に連続して就職率100%を達成し奏功した。1クラス30〜32名、40代
後半から50代の受講生が多かったためクラスの雰囲気は違うが、人数が多い
ときに効果が見られる。

　港湾ロジスティクス科は、17名でスタートしたので人数的には多くはない。

しかしながら、それぞれが挫折した過去を背負って入校しており、中には不登校や引きこもりを経験した学生もいた。最初の個別面談で学生のニーズを把握した結果、仮に 4 つのグループに分類して就職支援に活用したが、その後は、基本的に個別指導を中心に行った。

　まずは、4 つのグループの中で「せっぱつまった型」の早期に就職したい学生を優先的にサポートした結果、就職第 1 号となった。10 月開講後、3 か月で希望通り早期就職できた成功事例である。クラスメイトが満足して就職できると、クラスの雰囲気が明るくなり、他のメンバーも就職へのモチベーションが向上する。この内定がキャリア支援を効率的に実施できたばかりでなく、クラスマネジメントにおいても効果があったといえよう。

7.6　職業実務実習とインターンシップ

　港湾・物流業界は、特に「挨拶」が重要である。現場では、第一声が「ご安全に！」という挨拶から仕事がスタートする。カリキュラムは、表7.2 のとおりである。

　実習にあたっては、特に以下の 3 点に注力した。

　　1）仕事の理解を深め、2 週間のインターンシップ参加に向けた準備をする
　　2）入社してから社内でどのように行動すれば信頼関係を構築できるかを考える
　　3）入社後のキャリアアップのために、どのように自己啓発すればよいかを考える

　最後のインターンシップ成果発表の報告会は、参加学生の成長を見ることができた。Off-JT（座学）の授業ではあまり積極性が見られなかった学生が、インターンシップで 2 週間の OJT を経験することにより見違えるほど前向きな報告をして周囲を驚かせることもあった。OJT による教育指導が短期間でもいかに効果があるのかを証明することにもつながった。

　また、当該報告会は、1 年生を対象に行った。ちょうど就職活動をスタートする時期に重なるため、将来の進路を決めるきっかけになった学生も多かった。当報告会を通じて横だけでなく縦のつながりもできた。

　このように、港湾カレッジでは、港湾関係業種で活躍する人材を育てるため

表 7.2　「職業実務実習」のカリキュラム

回数	訓練の内容	運営方法	訓練課題　予習・復習
1 週	ガイダンス	講義	
2 週	「働く」ということ	講義・グループ討議	
3 週	ビジネスマナーの必要性	講義・演習・グループ討議	マナー・挨拶・第一印象・アイコンタクト・お辞儀等
4 週	挨拶の仕方・職場での振る舞い方	講義・演習・グループ討議	挨拶とは？
5 週	コミュニケーションの基本	講義・演習・グループ討議	円滑なコミュニケーションのためには？
6 週	ホウレンソウとは？	講義・演習・グループ討議	報告・連絡・相談の仕方と忠告の受け方
7 週	ビジネスにふさわしい話し方	講義・演習	
8 週	敬語の基本	講義・演習	尊敬語と謙譲語の使い方
9 週	聴き方の基本	講義・演習	聞くと聴くの違い
10 週	電話応対の重要性	講義・演習・グループ討議	早口言葉の練習（滑舌をよくする）
11 週	電話の受け方・かけ方	講義・演習・ロールプレイ	
12 週	来客応対と訪問の基本マナー	講義・演習・ロールプレイ	名刺交換の仕方・席次
13 週	社内文書の書き方	講義・演習	わかりやすい文章とは？5W3H とは？
14 週	社内文書の書き方	講義・演習	わかりやすい文章とは？5W4H とは？
15 週	電子メールの書き方	講義・演習	わかりやすい文章とは？5W5H とは？
16 週	ファシリテーターとは？	講義・演習・ロールプレイ	
17 週	インターンシップ成果発表報告会	PPT 作成	
18 週	インターンシップ成果発表報告会	プレゼンテーション	

図 7.8　インターンシップ巡回指導の様子

のさまざまなカリキュラムを実行している。企業は学校ではないが、社員が定着し、活躍するための参考になるものと考える。

【参考文献】
1) 奥田美都子（2007）、「CS 向上と就職率 100％を目指したプロセス管理―アビリティガーデンにおける就職支援の施行実施報告―」、技能と技術、Vol.42、pp.2-12
2) 奥田美都子（2008）、「キャリア形成支援に関する取り組み：就職率 100％　2 回連続達成の要因を探る―ワン・トゥ・ワンマーケティングによる CS 向上とプロセス管理の徹底による実施報告―」、技能と技術、Vol.43、pp.41-47
3) 奥田美都子（2009）、「マーケティング発想を取り入れたモチベーションアップの"やる気"創出指導法」、職業能力開発研究、第 27 巻、pp.37-53
4) 奥田美都子（2010）、「マーケティングの発想を活かしたキャリア形成支援の取り組み」、インターンシップ研究年報、第 13 号、pp.37-44
5) 奥田美都子（2021）、「キャリア形成支援ワークプログラムの実施と効果の検証　―自己理解のワークに着目して―」、文化情報学会誌、第 27 巻第 1 号

第8章　港湾・港運業者に必要な知識・資格

これまで、港湾業界で活躍するための人材育成について述べてきたが、第8章、第9章では、実際に港湾業界で働くために知っておきたい知識や資格、また最も重要とされる港湾の安全について述べていく。

8.1　港湾人に必要な知識・資格など

(1) 港湾人に必要な知識

港湾を職場とし、さまざまな業種に携わる港湾人が必要とする知識は、その範囲が広く奥行きも深い。私たちの生活を成り立たせる経済活動は、生産、流通、消費に分けられるが、このうちの流通を構成する金流、商流、物流、情報流が国内外から港湾で交差するため、これらに接する港湾人は必然的に広範囲な知識が求められる。

表8.1　港湾人に必要なさまざまな知識や能力

公的規制	安　全	労働災害	物　流
港湾運送事業法	港湾産業を支える機能	港湾産業に関わる関係官庁	労働安全衛生法
コンテナ輸送	輸出入通関	税関行政	NACCS
港湾関係	船舶関係	内航・外航海運	取扱い貨物
本船荷役実務	積載法	力　学	語　学
指揮命令・統率力	港湾で使用する用語	事前協議制度	危険物
関係先との交渉力	荷役機器	港湾料金	港湾での水際対策
玉掛け作業・道具	合図法		

(2) 港湾で使われる資格・免許

港湾で業務を行う場合、業種ごとに必要な資格や免許がある。その多くは国家試験として法律で定められ、その他も資格、認定、講習修了など所定の講習会を経て取得しなければ港湾における業務はできない。港湾人に必要と考えられる資格や免

図8.1　フォークリフト運転技能講習の様子
（出所：愛知労働基準協会）

表 8.2　港湾関連のすべての職種に共通した資格・免許など

語学検定	ビジネス実務法務検定	JIFFA 実用英語通信文講座	貿易実務検定
国際複合輸送士	普通自動車免許	—	—

表 8.3　現場職に適した資格・免許

通関士	危険物取扱者	火薬類取扱保安責任者	移動式クレーン運転士
小型移動式クレーン運転技能講習		クレーン・デリック運転士技能講習	
揚貨装置運転士	大型特殊免許	玉掛け技能講習	自動車整備士
フォークリフト運転技能講習		ショベルローダー等運転技能講習	
はい作業主任者技能講習		車両系建設機械運転技能講習	
高所作業車運転技能講習		船内荷役作業主任者技能講習	
ガス溶接作業主任者技能講習		酸素欠乏危険作業主任者技能講習	
指差（しさ）呼称技能講習		毒物劇物取扱責任者	電気工事士
電気主任技術者	冷凍保安責任者	無線従事者	—

表 8.4　事務職に適した資格・免許

日商簿記検定	個人情報保護士資格	情報処理技術者	社会保険労務士
ビジネス実務法務検定		—	—

表 8.5　中間管理職に適した資格・免許

防火管理者	衛生管理者	行政書士	警備員指導教育責任者
建築物環境衛生管理技術者		安全衛生推進者講習	

許には、上記表 8.2～8.5 のようなものがある。

8.2　港湾運送事業法の知識

（1）概　要

　港湾運送事業法で定義付けている港湾運送とは「他人の需要に応じ、港湾において海上輸送に先行し、または後続して貨物の船積み、陸揚げ、荷さばきなどを行う事業」をいう。港湾運送事業法施行令では、京浜港、名古屋港、大阪港、神戸港、関門港を含め、全国 93 の港湾を事業法の適用港として指定して

いる。この指定された港湾における次の行為が港湾運送であり、この行為を行う事業が港湾運送事業ならびに港湾運送関連事業である。

　港湾運送事業は、一般港湾運送事業、港湾荷役事業（船内・沿岸荷役事業）、はしけ運送事業、いかだ運送事業、検数事業、鑑定事業、検量事業に該当する行為をいい、港湾運送を事業として行う者は、その港、その業種ごとに国土交通大臣へ申請し許可を受けなければならない。

　港湾運送事業法で許可が必要な港湾を「指定港」と呼び、それ以外の港湾での業務は原則（労使間の事前協議による判断が必要）法の適用を受けない。したがって、港湾運送事業の許可を取得していない者は港湾運送事業を営むことはできず、通関業免許や倉庫業免許、陸運免許だけの業者は港湾運送行為ができない。また、港湾運送は他人の需要（荷主の委託、船舶運航業者の委託）により行われるため、一般港湾運送事業者ではない港湾荷役事業（船内・沿岸荷役事業）者、はしけ運送事業者、いかだ運送事業者は、荷主または船舶運航事業者から直接業務を受けることはできない。

（2）港湾運送事業の3つの特性

①　重要性

　わが国の貿易量（トンベース）の99.6%、国内輸送（トンキロベース）の32.0%が港湾を経由している。港湾運送が不安定化した場合には、直ちに貿易および経済活動に悪影響を及ぼすことから、諸外国においても港湾運送の安定化に一定の配慮（規制）がなされており、日本においても許可制などによって、その健全性と安定的運営の確保が図られている。

②　波動性

　港湾運送事業は景気などによる荷動きの動向に影響を受けやすく、船舶の運航スケジュールや気象、海象にも影響される。さらに、実作業においても天候に左右されるなど決して安定的ではなく、日々の業務量も波動性がある。顧客からのニーズに対応するためには、常時一定規模の労働者を確保しておく必要があり、業務が少ない日に労働者が遊休化してしまうという非効率が生じやすい。また波動性に対応するため、企業外の労働者（登録労働者）に対する潜在的需要が存在している。

③　労働供給性・労働集約性

　港湾運送事業は、基本的に船会社や荷主からの求めに応じ、港湾荷役の労務を提供するという受注型の労務供給的な側面を有している。また大規模な設備投資などを必ずしも要しないことから、全コストに占める労働コストの割合が非常に高い労働集約型産業の側面も有している。日々の業務が発注者である船会社や荷主の影響を大きく受けることや労働環境が厳しいこと、中小企業が多いこともあり、労働問題が発生しやすいという面もある。

(3)　港湾運送事業法の骨子

①　目　的

　港湾運送に関する秩序を確立するため。秩序とは、港湾運送の安定化や港湾運送事業の健全な発展、さらに公共の福祉を増進（わが国経済への影響、国民生活への影響）させることをいう。

②　主な規制（直近の改正）

　1）事業参入　　：免許制 ⇒ 許可制
　2）運賃・料金：許可制 ⇒ 事前届出制（あらかじめ国土交通大臣に届出なければならない）
　3）労働者最低保有基準：従来の基準 ⇒ 従来の基準から 1.5 倍に引き上げ
　4）検数事業、鑑定事業および検量事業への参入：免許制 ⇒ 許可制
　5）検数（鑑定、検量）人の登録制：登録制 ⇒ 廃止

③　その他の規制

　1）変更の命令：不当な差別的取扱いがあるとき、不当な競争を引き起こすおそれがあるとき、国土交通大臣は変更を命じることができる。
　2）下請けの禁止（二次下請けの禁止）

(4)　規制となる対象

政令で指定される全国の 93 港（指定港という）　＊令和 5 年現在

①　法適用対象港の考え方

　1）指定の基準：一定量の港湾運送需要量があり、事業者の乱立による港湾運送秩序の混乱が予想されるなどの事情を考慮して決定される。

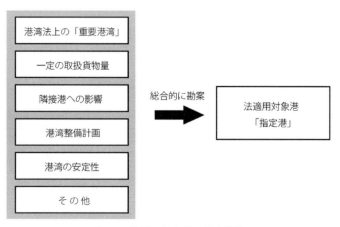

図 8.2　法適用対象港の指定基準

（出所：国土交通省「規制緩和に伴う法適用対象港の考え方」）

表 8.6　指定港の港数の変遷（施行年月日順）

昭和27年 7 月15日 ： 82港	昭和50年 7 月10日 ： 94港
昭和31年 1 月10日 ： 86港	昭和50年 8 月10日 ： 97港
昭和34年 5 月 1 日 ： 86港	昭和58年 9 月 1 日 ： 97港
昭和37年12月 1 日 ： 92港	昭和60年10月 1 日 ： 97港
昭和38年 7 月 1 日 ： 92港	昭和63年 7 月20日 ： 96港
昭和40年 7 月 1 日 ： 92港	平成 8 年10月15日 ： 95港
昭和41年10月 1 日 ： 93港	平成 9 年10月24日 ： 94港
昭和46年 7 月 1 日 ： 91港	平成17年 5 月20日 ： 93港
昭和47年 5 月15日 ： 95港	現在に至る

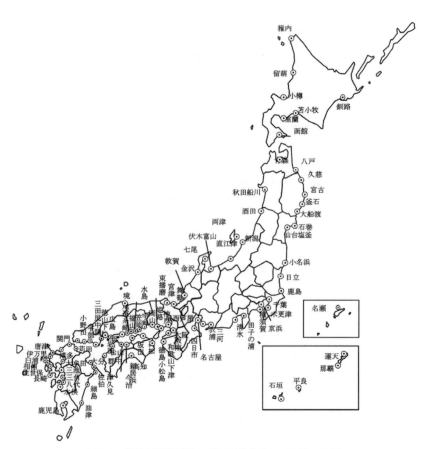

図 8.3　港湾運送事業法の適用対象となる 93 港の位置

表 8.7 港湾運送事業法施行令第 2 条に係る指定港 93 港一覧（国土交通省）

都道府県	港 湾	都道府県	港 湾	都道府県	港 湾
北海道	稚 内	愛 知	名古屋	山 口	岩 国
北海道	留 萌	三 重	四日市	鳥取・島根	境
北海道	小 樽	富 山	伏木富山	山 口	徳山下松
北海道	函 館	石 川	七 尾	山 口	三田尻中関
北海道	室 蘭	石 川	金 沢	山 口	宇 部
北海道	苫小牧	福 井	敦 賀	山 口	小野田
北海道	釧 路	京 都	宮 津	山口・福岡	関 門
青 森	八 戸	京 都	舞 鶴	福 岡	苅 田
青 森	青 森	大 阪	阪 南	福 岡	博 多
岩 手	大船渡	大阪・兵庫	大 阪	福 岡	大牟田
岩 手	久 慈	兵 庫	神 戸	福 岡	三 池
岩 手	宮 古	兵 庫	東播磨	佐 賀	唐 津
岩 手	釜 石	兵 庫	尼崎西宮芦屋	佐賀・長崎	伊万里
宮 城	石 巻	兵 庫	姫 路	長 崎	長 崎
宮 城	仙台塩釜	和歌山	和歌山下津	長 崎	臼 浦
秋 田	秋田船川	徳 島	徳島小松島	長 崎	相 浦
福 島	小名浜	香 川	高 松	長 崎	佐世保
山 形	酒 田	香 川	坂 出	熊 本	三 角
新 潟	新 潟	愛 媛	新居浜	熊 本	八 代
新 潟	直江津	愛 媛	今 治	熊 本	水 俣
新 潟	両 津	愛 媛	松 山	大 分	大 分
茨 城	日 立	愛 媛	郡 中	大 分	津久見
茨 城	鹿 島	高 知	高 知	大 分	佐 伯
千 葉	木更津	岡 山	岡 山	宮 崎	細 島
千 葉	千 葉	岡 山	宇 野	宮 崎	油 津
東京・神奈川	京 浜	岡 山	水 島	鹿児島	鹿児島
神奈川	横須賀	岡 山	笠 岡	鹿児島	名 瀬
静 岡	田子の浦	広 島	福 山	沖 縄	那 覇
静 岡	清 水	広 島	尾道糸崎	沖 縄	平 良
愛 知	三 河	広 島	呉	沖 縄	石 垣
愛 知	衣 浦	広 島	広 島	沖 縄	運 天

（出所：国土交通省「港湾運送事業法適用対象港について」、国土交通省地方運輸局編集「港湾運送事業の概要」）

(5) 運賃・料金（第9条・10条）

　港湾運送事業者は、運賃・料金を定めるときは、あらかじめ届出なければならない。

①　第9条　事前届出

　届出は所轄行政機関（国土交通省）に書類を提出し、帳簿に登録されれば成立する。もし、その届出内容に不当性があれば、運賃・料金の変更命令を受ける。

1）運賃・料金の変更命令基準

　　・不当な差別的取扱いをするものであるとき。

　　・不当な競争を引き起こすこととなるおそれがあるとき。

②　第10条　運賃・料金の割戻しの禁止

　港湾運送事業者は、前条の規定により実施する届出運賃・料金よりも高額または低額の運賃・料金を収受してはならない。また、収受した運賃および料金の（荷主・船会社への）払戻しをしてはならない。

1）運賃・料金には、在来荷役料金（一般料金）と革新荷役料金（特殊料金）がある。

2）運賃・料金の額は、運賃・料金原価の大部分を占める労務費に違いがあることから、5大港（京浜、名古屋、大阪、神戸、関門〈門司港のみ〉）と、それ以外の港で格差がある。このため、運賃・料金の港別分類は、一類港（5大港を含む）、二類港、三類港に区分されている。

3）元請事業者（一般港湾運送事業者）が下請事業者に支払うべき運賃・料金は、法的には規制されていないため、事業者間の取り決めで運用される。

表8.8　運賃・料金の港別分類

一類港（13港）	鹿島、千葉、木更津、京浜、横須賀、清水、名古屋、四日市、大阪、尼崎西宮芦屋、神戸、関門（下関・北九州）、博多
二類港（55港）	稚内、留萌、小樽、函館、室蘭、苫小牧、釧路、青森、大湊、八戸、久慈、宮古、釜石、大船渡、石巻、仙台塩釜、小名浜、秋田船川、酒田、新潟、直江津、日立、田子の浦、豊橋、蒲郡、衣浦、伏木富山、七尾、金沢、敦賀、舞鶴、和歌山下津、阪南、東播磨、姫路、坂出、新居浜、呉、広島、境港、徳山下松、宇部、小野田、苅田、三池、唐津、伊万里、臼浦、相浦、佐世保、長崎、大分、鹿児島、運天、那覇
三類港（その他）	その他の港湾

（出所：国土交通省「港湾運送事業の概要」）

（6）事業の種類

①　港湾運送事業者の区分

①　1951 年成立時の区分（登録制）

第1種	一般港湾運送事業
第2種	船内荷役事業
第3種	はしけ運送事業
第4種	沿岸荷役事業

②　1959 年改正時の区分（免許制）

第1種	一般港湾運送事業
第2種	船内荷役事業
第3種	はしけ運送事業
第3種	いかだ運送事業
第4種	沿岸荷役事業
第5種	検数事業
第6種	鑑定事業
第7種	検量事業

③　1984 年改正後の区分（現在：許可制）

第1種	一般港湾運送事業
第2種	港湾荷役事業
第3種	はしけ運送事業
第4種	いかだ運送事業
第5種	検数事業
第6種	鑑定事業
第7種	検量事業

図 8.4　港湾運送事業者の区分

②　港湾運送関連事業の分類

　港湾運送関連事業を営もうとする者は、あらかじめ港湾ごとに国土交通大臣に届出なければならない。届出の必要のある業務は、①船貨の固縛事業、②船貨の梱包事業、③船艙内掃除事業、④警備事業などとなっている。

（7）港湾運送事業の内容

　第 1 種から第 7 種の事業区分は、港湾運送事業法が公布・発効された 1951（昭和 26）年および改正された 1959（昭和 34）年当時の荷役形態から決定された（輸入貨物の流れ）。1959 年当時の旧港湾運送事業法の相関図を次に示す。

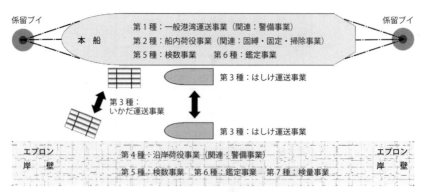

図 8.5　旧港湾運送事業法の相関図

（出所：筆者作成）

①　第 1 種：一般港湾運送事業

　荷主または船舶運航事業者の委託を受け、船舶により運送された貨物の港湾での受取りもしくは荷主への引渡し、また運送予定の貨物の船舶への引渡しもしくは荷主からの受取りに際して、荷役や運送作業を一貫して行う行為。

　海運貨物取扱業（海貨、乙仲）は「限定 1 種」と呼ばれ、事業範囲は荷主の委託を受けて行う個品運送に限る。行える行為は、はしけ運送＋沿岸荷役に限定される。

図 8.6　一般港湾運送事業

② **第 2 種：港湾荷役事業（船内・沿岸荷役業）**

1）**船内荷役行為**：港湾にて行う、船舶への貨物の積込みまたは船舶からの貨物の取卸し行為。

2）**沿岸荷役行為**：港湾にて行う、船舶やはしけにより運送された貨物の上屋その他の荷さばき場への搬入、船舶やはしけにより運送されるべき貨物の荷さばき場からの搬出、これら貨物の荷さばき場での荷さばき・保管、または船舶（国土交通省令で定める総トン数 500 トン未満のものに限る）・はしけからの取卸しもしくは船舶からはしけへの積込み行為。（貨物の取卸しまたは積込みにあたって、船舶が岸壁、桟橋または物揚場に係留され、かつ揚貨装置を使用しないで行う場合に限る。）

③ **第 3 種：はしけ運送事業**

港湾にて行う、船舶またははしけによる貨物の運送（一定の航路に定員 13 人以上の旅客船を就航させて人の運送をする事業者が行う貨物の運送、その他国土交通省令で定めるものを除く）、国土交通省令で定める港湾と場所との間（指定区間）における貨物のはしけによる運送、または港湾もしくは指定区間における引船によるはしけ・いかだの曳航。

④ **第 4 種：いかだ運送事業**

港湾または指定区間にて、いかだに組んで行う木材の運送、または港湾にて行う、いかだに組んで運送された木材や船舶・はしけにより運送された木材の水面貯木場への搬入、いかだに組んで搬送される予定の木材または船舶・はしけにより運送される予定の木材の水面貯木場からの搬出、もしくはこれらの木材の水面貯木場における荷さばきもしくは保管。

⑤ **第 5 種：検数事業**

輸出貨物の積込み、輸入貨物の船卸しなどの際に行う、その貨物の特定（品名、荷印、荷姿、荷番）、個数（数量）の計算、受取りの証明。

⑥ **第 6 種：鑑定事業**

船積み貨物の積付けに関する証明、調査および鑑定。

⑦ **第 7 種：検量事業**

船積み貨物の積込みまたは陸揚げの際に行う、その貨物の容積または重量の

計算または証明。

（8）港湾運送関連事業

①　船貨の固縛事業

港湾において行う、船舶に積込まれた貨物の位置の固定もしくは積載場所の区画。

②　船貨の梱包事業

港湾において行う、船積み貨物の荷造りもしくは荷直し。

③　船艙内掃除事業

港湾において行う、船舶からの貨物の取卸しの前または後にする船艙の清掃。

④　警備事業

港湾において行う、船積み貨物の警備。

※　港湾運送関連事業は港湾運送の補助的行為で、営利の有無を問わない。

（9）港湾運送事業法の変遷

　1945 年の太平洋戦争終戦後、日本の海運・港運は連合国最高司令官総司令部民間運輸局によって統制された。当局は日本の海運を復活させないとの方針の下、戦前・戦時中における日本の港湾関係諸法令の諸制度を廃止させた。

　1946 年 9 月には、1941 年 9 月の国家総動員法に基づき制定され当時の港湾運送事業の準拠規定でもあった「港湾運送業等統制令」の廃止、翌 1947 年 8 月には 1939 年 4 月に公布された海運組合法の廃止がなされた。

　これらの関係法令の廃止により、海上運送事業に必要不可欠である港湾運送の業務が無法状態となり、港湾荷役において小規模業者の乱立を招き、港湾の秩序はしばらく混乱の時期が続いた。

　このような状況を静め、日本の経済再建を担う産業力としての確立と安定化を実現させるため、政府は連合軍最高司令部に対して実情と規制の必要性を説明し、関係者の粘り強い交渉と検討の結果、1951 年 5 月に港湾運送事業法が制定された。

　以下に、港湾運送事業法の変遷とそれぞれの法令の概要を表に示す。

表 8.9　港湾運送事業法の変遷

---

(1) 1951（昭和 26）年：制定 5 月 29 日、施行 6 月 20 日

①法律の目的：港湾運送に関する秩序の確立および港湾運送における公正な確保を図るとともに、港湾運送の施設の改善に資することを目的とする。

②事業の種類（4 業種）：1 種：一般港湾運送事業、2 種：船内荷役事業、3 種：はしけ運送事業、4 種：沿岸荷役事業

③事業：登録制（港湾ごと、業種ごと）。登録を受けようとする者は、必要事項を記載した申請書を運輸大臣に提出し登録番号を受ける。

④運賃および料金：届出制。港湾ごとに運賃および料金を定め、実施日の 30 日前までに運輸大臣に届出、事務所に掲示する。

⑤全部下請けの禁止：港湾運送事業者は、船内荷役、はしけ運送、沿岸荷役の行為の少なくとも一部を自ら行わなければならない。

---

(2) 1959（昭和 34）年：全面改正（議員修正：3 月 30 日、施行：10 月 30 日）
　それまで依然として無秩序に等しい状況であった港湾運送事業について、免許制および料金許可制を導入することにより悪質な労務供給事業者を排除させ、効率的かつ安定的な港湾運送の確保を実現させるために規制を強化した。

①法律の目的：港湾運送に関する秩序を確立し、港湾運送事業の健全な発達を図り、もって公共の福祉を増進することを目的とする。

②事業の種類（7 業種・拡大）：1 種：一般港湾運送事業、2 種：船内荷役事業、3 種：はしけ運送事業・いかだ運送事業、4 種：沿岸荷役事業、5 種：検数事業、6 種：鑑定事業、7 種：検量事業に区分。
　いかだ運送事業を港湾運送事業の一種類として新たに加える。海上運送法に規定されている検数事業、鑑定事業および検量事業を港湾運送事業法に規定替えを行い、実体と合致させる。

③事業：免許制。登録制では秩序の回復が図られなかったため「免許制」へ改正（港湾ごと、業種ごと）。港湾運送事業は登録制、検数事業等は「届出制」になっているため本改正ですべて「免許制」とし、必要事項を記載した申請書を運輸大臣へ提出して登録番号を受ける。

④運賃および料金：認可制。事業の免許制移行に伴い運賃料金を認可制とする。

⑤独占禁止法の適用除外が拡大：「施設の供用」だけから「運送条件、事業施設、集荷その他港湾運送に関する協定など」へ拡大。

1966（昭和 41）年：一部改正（政府提案：6 月 15 日、施行：10 月 1 日）
　一般運送事業者の責任体制を確立し、その経営基盤を拡充強化するために改正。

①免許基準の強化（雇用すべき労働者の数の引き上げ）：従来の「当該事業を的確に遂行するに足る労働者及び施設を有すれば足りる」との規定から「事業者の要取扱年間最低トン数を処理し得る労働者及び施設を有すべきもの」へ改正。具体的基準数量は各地区海運局長が判定し、これにより従来の 1.5～3.0 倍となった。

②下請け禁止規定の強化：従来の「全部下請けの禁止。事業者は引き受けた港湾運送の一部を自ら行わなければならない」との規定から「下請けの制限、すなわち一般港湾運送事業者は各月中に引き受けた港湾運送を船内荷役、はしけ運送、沿岸荷役、いかだ運送の業種ごとにその一定率 70（%）を自ら行い」とし、直営率を高めた。

③再下請けの禁止：船内・はしけ・沿岸・いかだの各事業者は、引き受けた港湾運送事業の70%を直営しなければならないが、他の港湾運送事業者から引き受けた場合には 100％直営しなければならない。

1984（昭和 59）年：一部改正（政府提案：7 月 20 日、施行：1 月 19 日）

①事業区分の統合および下請け制度の弾力化：コンテナなどの革新船荷役に対応するため、船内荷役事業と沿岸荷役事業を統合し「港湾荷役事業」とした。これに伴い、いかだ運送事業の区分を第 3 種から第 4 種とした。

②下請け禁止規定の強化：従来の「全部下請けの禁止。事業者は引き受けた港湾運送の一部を自ら行わなければならない」との規定から「下請けの制限、すなわち一般港湾運送事業者は各月中に引き受けた港湾運送を船内荷役、はしけ運送、沿岸荷役、いかだ運送の業種ごとにその一定率 70（%）を自ら行い」とし、直営率を高めた。

③統括管理基盤の創設：一般港湾運送事業者が一定量以上の貨物をコンテナふ頭などの施設において自ら統括管理する場合、その引き受けた港湾運送を系列下の港運業者に下請けさせることを認める（統括管理基盤の創設）。一般港湾運送事業者は、すべての港湾運送が集結するターミナルを自ら統括管理すれば、引き受けた港湾運送をすべて下請けさせることができるようにする。

2000（平成 12）年：一部改正（政府提案：5 月 11 日可決成立、施行：11 月 1 日）

特定港湾（9 港：京浜港、千葉港、清水港、名古屋港、四日市港、大阪港、神戸港、関門港、博多港）の事業規制緩和を先行実施。

①事業参入規制の見直し：主要 9 港における一般港湾運送事業などに係る需給調整規制を廃止し「免許制」を「許可制」へ。

②運賃および料金規制の見直し：主要項における一般港湾運送事業に係る運賃、料金規制に関し「許可制」を「事前届出制」へ。

③港湾運送の安定化策：規制緩和の実施により、悪質事業者の参入や過度のダンピングなどが生じるおそれがあるため、これを防止する目的として港湾運送の安定化策（セーフティネット）を設ける。
  1）欠格事由の拡充、罰則の強化：悪質事業者の参入を防止するため、暴力団対策法違反者などを新たに欠格事由に加えるとともに罰則を強化する。
  2）運賃・料金変更命令制度の導入：過度のダンピングを防止するため、国土交通大臣は不当な競争を引き起こすおそれのある運賃・料金について変更命令を行うことができることとし、また従来の運賃・料金監査制度を機動的に運用することとする。
  3）労働者保有基準の引き上げ（常用労働者の保有強化）：悪質事業者の参入を防止するとともに事業の効率化のため、事業者の規模拡大を図ることを目的として従来の労働者最低保有基準を 1.5 倍に引き上げる。

2006（平成 18）年：一部改正（政府提案：4 月 17 日、施行：5 月 15 日）
①事業参入：「免許制」から「許可制」へ改正され、検数事業への参入を「免許制」から「許可制」に、検数人、鑑定人、検量人の「登録制」を廃止。
②需給調整制度の廃止。
③運賃および料金：事前届出。
④欠格事由の補充。
⑤労働者最低保有基準を 1.5 倍に引き上げ。

8.3　作業料金の種類

(1)　在来荷役料金

①　港湾荷役料金（船内荷役料金）

貨物の船舶への積込み、船舶からの取卸し作業に関する料金。

②　港湾荷役料金（沿岸荷役料金）

船舶・はしけにより運送された貨物の上屋・野積場への搬入、またはその逆の搬出に対する積卸し作業、上屋その他荷さばき場における貨物の保管に対する料金。

③　港湾荷役料金（船内・沿岸一貫荷役料金）

④　港湾荷役料金（小型船荷役料金）

総トン数 1,000 トン未満の船舶にかかる貨物の船舶からの取卸し、上屋・野積場への搬入、または上屋・野積場の貨物を岸壁に移送し、船舶へ積み込むまでの一貫作業に対する料金。

⑤　はしけ運送料金

⑥　いかだ運送料金

⑦　輸出貨物船積み料金

輸出貨物を上屋戸前荷受から本船舶側で本船へ荷渡すまでの一貫作業に対する料金。

⑧　検数料金

⑨　鑑定料金

⑩　検量料金

(2) 革新荷役料金（自動車船、RORO 船、コンテナ船など）

①　自動車専用船荷役料金

自動車専用船への自動車の積込み、または取卸しを一貫して行う作業に対する料金。

②　ロールオン・ロールオフ船荷役料金

ロールオン・ロールオフ船（RORO 船）への貨物の積込み、または取卸しを一貫して行う作業に対する料金。

③　サイロ港湾荷役料金

コンベアなどの荷役機械を使用して、撒貨物などを船舶からサイロビンに投入するまでを一貫して行う作業に対する料金。

④　コンテナターミナル運営料金

コンテナの船舶への積込みまたは取卸し、船舶により運送されたコンテナのヤードへ搬入、または船舶により運送されるべきコンテナヤードからの搬出およびコンテナヤードでの荷さばきなどを一貫して行う作業に対する料金。

⑤　機械荷役料金

専用ふ頭などに設置された大型荷役機械を使用して、船舶への積込み、または取卸しを一貫して行う作業に対する料金。

⑥　機械下荷役料金

上記⑤の機械荷役に付随して行う「かきよせ作業」などに対する料金。

⑦　その他の料金

上記に準じて荷役形態が特殊であり、かつ能率が著しく異なる作業（一般料金にかかる作業に比較して2倍以上または2分の1以下の能率であるもの）に対する料金。

※　在来荷役と革新荷役で料金が異なる理由は、船内・沿岸・倉庫出し入れなどの業域の区分の違い、荷役効率の違い、設備投資の違い、作業体制の違い、労働の仕方の違いなどによる。

（3）港湾運送事業拠出金

表 8.10　港湾運送事業拠出金の内容

	港湾福利分担金	港湾労働法関係付加金	労働安定基金
使　途	港湾労働者の福利厚生施設の整備・運営	港湾荷役の波動性対応のための港湾労働者派遣事業に対する事業主支援	港湾労働者年金制度の運営および職業訓練施設の整備・運営
設　定	昭和 35 年 9 月	昭和 41 年 7 月	昭和 60 年 8 月
対象港	全指定港（93 港）	6 大港（東京・横浜・名古屋・大阪・神戸・関門）	全指定港（93 港）
拠出額	1 トン当たり 4 円を料金に付加して収受し、港運事業者が 1 円上乗せして 5 円を拠出	1 トン当たり 1.5 円を料金に付加して収受し、拠出	1 トン当たり 3.5 円を料金に付加して収受し、拠出
納付先	（一社）日本港湾福利厚生協会	（一財）港湾労働安定協会	（一財）港湾労働安定協会

（4）事前協議制度（1979 年成立）

　日本の港湾における事前協議制度は、港湾運送の秩序維持を目的として、就労体制の維持、港湾で働く労働者の雇用安定などを目指し、労使双方が協議の場を通じて適正な判断を行っていくことを目的に設立された制度である。（労働組合側は職域の確保、経営者側は新規参入業者に対する厳格な対応など、それぞれの立場でメリットを享受している。）

　日本港運協会（日港協）（使用者側）と全国港湾労働組合連合会（全国港湾）（労働者側）との労使協定で協議する範囲は、港湾運送事業法の適用範囲の事業について港湾労働者の雇用に重大な影響を与えるおそれのある案件（下記①〜③）。その実施の前に、あらかじめ労使の合意を得る話し合いの場を持ち、解決していく制度である。

　①　新設の航路やサービスに対する作業体制。

　②　港湾運送事業の適用区域内での、作業体制の新設、変更。

　③　投入船の入替、増船、減船による作業体制。

(5) 協定書

　協定書は日本港運協会、全国港湾労働組合連合会、全日本港湾運輸労働組合同盟（港湾同盟）の三者によるもので、年度ごとに合意した春闘協定および都度課題に対応して合意し、締結した協定（確認書・覚書を含む）の中に明記されている。

協　定　書

第9条　事前協議制度（要約・抜粋）

第1項　輸送体制並びに荷役手段の形態変化に伴い、港湾労働者の雇用と就労に影響を及ぼす事項についてはあらかじめ協議する。事前協議の対象事項、船社にかかわる事前協議については確認書（第12章第58条第5項）によるものとする。なお、産別労使協定である事前協議制度などに対する不当な圧力、介入に対しては反対する。

第2項　船社のアライアンスの再編については、事前協議制度協定（第12章第58条第5項）、及び確認書（第12章第58条第14項①・②）にもとづき対応する。

　※成立のきっかけは、コンテナ船が出現し、従来の在来船荷役からコンテナ船荷役へ移った場合、労働者が仕事を失うとの危機感をもった労働組合側が、使用者側へ事前の協議を申し込んだことによる。

第58条　関連協定書・確認書・覚書等（要約・抜粋）

第5項　事前協議制度に関する協定（1986年3月25日付／2010年7月2日付）

　事前協議の対象事項を次のとおりとする。

① 革新船の就航並びにコンテナバースに関する件。革新船とはフルコンテナ船、RORO船（自動車専用船にKDおよびその付属部品等併積のものを含む）、多目的船などの特殊構造船をいい、これらの船型にあって本船ギアーを使用する場合も対象とする。

② 荷主、メーカーなどが港頭地区において港湾作業部門へ進出する件。当面の対象範囲は、自営、系列会社の新免あるいは既存港湾事業者の起用にかかわらず次のとおりとする。

・鋼材流通センター

・自動車専用ふ頭

・サイロ

・コールセンター

・その他荷主流通センター

③ 港湾運送事業者以外の企業などが、新規港湾運送事業許可申請により港湾に進出する件。

④ ターミナルにおける大型荷役機械およびロボットの導入に関する件。

⑤ 港湾における情報システム（シップネッツなど）導入に関する件。

（6）船会社に関わる事前協議について

①　事前協議の対象について

事前協議制度は、革新船の就航ならびにコンテナバースに関わる労働問題（港湾労働者の雇用と就労に影響を及ぼす事項）に限る事案を取り扱うものとする。

②　事前協議の制度について

事前協議制度は、船会社―日港協、日港協―労組で行う「2者2者協議」を基本とする。

③　事前協議手続について

事前協議の取扱いは、日港協、全国港湾、港湾同盟により「事前協議に関する協議会」を組織し、次の手順により協議を行う。

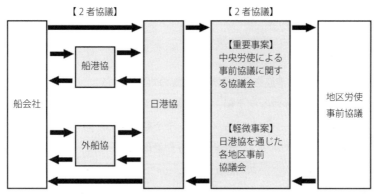

図 8.7　事前協議手続

（出所：日本港運協会、全国港湾労働組合連合会、全日本港湾運輸労働組合同盟「事前協議　協定書・確認書集」）

④　重要事案、軽微事案の取扱いについて

1）重要事案：日港協は、少なくとも1か月前に直接または日本船主協会港湾協議会あるいは外国船舶協会を通じ船会社からの申入れを受け、中央労使による「事前協議に関する協議会」に申し入れる。日港協は、協議の結果を直接または日本船主協会港湾協議会あるいは外国船舶協会を通じ船会社に回答する。

2) **軽微事案**：軽微事案の協議は、船会社が実施に先立ち地区協議に必要な期日（1か月程度）前に日港協に申し入れ、日港協を通じた地区協議とする。ただし、地区協議に問題が生じた場合、上記1）に基づくものとする。協議の結果は、日港協を通じて直接または日本船主協会港湾協議会あるいは外国船舶協会を通じて船会社に回答する。

(7)　革新船に係わる事前協議取扱い基準

①　重要事案

次の事項は重要事項として、中央協議を経て地区事前協議を行うものとする。

1) 作業体制の変更を伴う使用コンテナバースの移動
2) 使用コンテナバースにおける作業体制の変更
3) 船会社の共同配船の参加・変更・脱退などで作業体制の変更に関わるもの

②　軽微事案

以下の案件は、日港協を通じた地区協議の対象とする。

1) 革新船（フルコンテナ船、RORO船など）の新規サービスの開始
2) コンテナバースにおけるフルコンテナ船以外の配船
3) 新規コンテナバースの開始に伴う作業体制
4) 使用コンテナバースの移動
5) 増配船および船舶の大型化
6) 寄港港の変更および恒常的な追加寄港
7) 自動車専用船にKDおよび付属部品などを併積するもの
8) 臨時配船
9) 臨時寄港

(8)　事前協議書類記載事項

船会社は事前協議を申し入れる場合、次の内容を明記した書類を提出するものとする。

① 本　船

1）船名・船籍、2）船型（コンテナ船、RORO船、モジュール船などの特殊構造船）、3）総トン数、4）積載能力、5）荷役方式

② 運　航

1）運航船会社、2）航路名、3）内地での寄港地、4）年間寄港回数

③ 作業体制など

1）港名、2）バース名、3）作業開始予定日、4）取扱貨物（ただし、コンテナ船以外のとき）、5）取扱い港運業者（元請、作業会社、検数、検量）

(9) 船会社

「事前協議制度について」に基づき協議され、実施されている事案について寄港中止など、申し入れ事項に変更が生じた場合は、制度の信義に基づき事前に連絡するものとする。

協　定　書

第3条　地区団体交渉

団体交渉権は、必要な地区においても確立する。

第1項　中央・地区が並行して行う必要のある問題については、地区においても関連して交渉する。

第2項　地区独自の問題は、地区が主体性をもって交渉することとし、地区労使団体交渉は地区港運協会と地区協議会（連絡会議を含む）との間に設置されるものとする。ただし、必要に応じて業種別専門委員会を中心に協議する。

第3項　地区労使団交において解決できない場合は、中央港湾団交に差し戻し協議するものとする。

---

(10) 事前協議制度の改善

現在、海運業界、港運業界、港湾労組の合意に基づき、コンテナ船の配船変更などに対する港湾での雇用を調整するシステムとして、海運企業と日港協との間および日港協と港湾労働組合との間で協議が行われる事前協議制が実施されている。事前協議制度については、内外船会社などの関係者や米国、EUなど海外の政府から手続きの簡素化や透明性の確保など、その改善に関する強い

要望があることを踏まえ、日本の港をより使いやすいものにするため、国内において関係者間で議論を行っている。

8.4　問題の本質を探る手法

　部下が業務上の失敗やトラブルを起こしたとき、一般的に当該者への指導と教育に焦点が挙げられるが、問題の本質が部下だけに起因しているとは限らない。問題の発生要因を本人の無知・不慣れ、不注意、錯覚、疲労、連絡不足などのヒューマンエラーが原因であるとの結論を出しがちであるが、目に映る現象に対し「なぜ、なぜ…」と自問自答を繰り返し、問題を深く掘り下げることが重要である。これにより、物事の本質と因果関係を突き止め、その裏の裏に潜む「真の要因」を探り出すことで、最も効果のある対策を導き出すことが可能となる。

　これを実現する手法には、ビジネスフレームのひとつとして知られている「トヨタ式 5W1H」や改善活動で用いられる「特性要因図：フィッシュボーンチャート」などがある。業務上で発生するさまざまな問題について、これらの手法で本質の要因を見つけ出すことが重要である。

(1) トヨタ式「5W1H」

5 回のなぜを自問自答

①	WHY／なぜ	問題を深く問う中で物事の本質、因果関係を突き止め
②	WHY／なぜ	
③	WHY／なぜ	その裏に潜む本当の原因を突き止め
④	WHY／なぜ	
⑤	WHY／なぜ	「いかにして」解決、改善を図るかを明らかにする

HOW	どのように

図 8.8　トヨタ式「5W1H」

(出所：社会人の教科書)

(2) 特性要因図

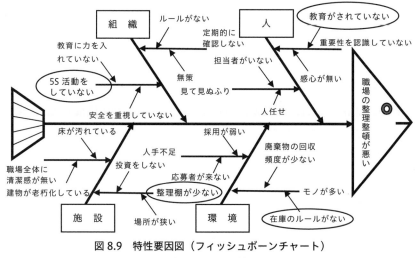

図 8.9　特性要因図（フィッシュボーンチャート）

（出所：筆者作成）

8.5　報・連・相の正しい知識

　現場で事故やトラブルが発生した際、その情報を上長がすぐに把握できず、対策の指揮が遅れてしまうことは、組織として危機管理の欠如といわざるを得ない。情報伝達の遅延による事故処理の遅れは、被害や損害をさらに拡大させ、社会や顧客から信用を失うことにつながる。

　筆者は、現場部門に長く携わり事故やトラブルが発生したときの対応を多く見てきたが、初期動作のまずさで大きな問題へと発展したケースのほとんどが「報告の遅れ」と「緊急連絡網活用の不徹底」であった。部下への指導では「事故やトラブルが発生したら、どんなに軽微な事象でも隠さず報告すること」「良い情報は遅れても良いが、悪い情報は（夜中であっても）躊躇なく早く報告すること」の二点を繰り返し伝えていた。

　「報・連・相」という言葉は、日本のみならず今や諸外国でも使われており、入社式では必ずといっても良いほど「報・連・相は大事」「報・連・相は社会人としての基本」と伝えながら、その正しい「実践方法」まで教える企業は少

ない。以下、できそうで意外にできていない「報・連・相」について解説する。

(1) 報・連・相の語源

　発案者には諸説あるが、1960（昭和35）年に愛知県知多郡南知多町の豊浜漁港にあった「まるは食堂」が経営理念として「ほう、れん、そう」を制定したことが判明しており、これが元祖といわれている。その後、1982（昭和57）年に山種証券株式会社（現SMBC日興証券株式会社）の山崎富治社長が風呂につかっているときに閃き、社内キャンペーンの「ほうれんそう運動」として始めたことで広く世に知られるようになった。

(2) 報・連・相とは

　報・連・相は、報告、連絡、相談の頭文字をとった造語。

　①　報告：仕事の結果や経過を上司に伝えること

　②　連絡：仕事の関係者へ状況を伝えること

　③　相談：仕事で困ったことや迷ったことに対して周囲に意見を求めること

　報・連・相は部下からの努力義務で、部下が上司に対して行うものと理解されている場合が多いが、山崎氏の著書『ほうれんそうが会社を強くする―報告・連絡・相談の経営学』では、上司と部下のコミュニケーションの手段と述べられている。このため、部下がいかに報告をしやすい状況を作るか、連絡を受けたときの姿勢や相談を受けたときに相手に安心感を与えるかなど、上司自身が報・連・相に的確に応じることで成り立つものである。

　多くの管理職が報・連・相は部下からのみするものと勘違いしている。常に部下からの報・連・相を待つことが当たり前と考えていると、部下の行動次第で報・連・相が展開されないことが生じる。部下からの意見をどう吸い上げるか、社員が働きやすい環境をどう作るか、温かい人間関係をどう作るかなど、報・連・相はすべての関係者が意識して取り組まなければうまくいかない。

　山崎氏の著書には、報告、連絡、相談の細かな定義は出てこない。あくまで風通しの良い会社の必要条件は、報告、連絡、相談の徹底であると書かれている。また、新入社員は"ほうれんそう"がなっていない！的な記述はなく、"ほうれんそう"が育つ会社の条件として、若い人からの率直な意見は吸い上げ、

問題点があるならすぐに改善するなど、積極的な反応が大事であると述べている。うまく報告をさせるには、上司が報告を受ける姿勢と、受けたときの言動が重要となる。この上手な受け方が、報告者の前向きな行動を促すのだ。

具体的に上司は何をすればよいのかを以下にまとめておく。

① 聴く姿勢を持つ：時間をとって聴くことに努める。

② 冷静に聴く：部下の報告に対して「怒らない」「否定しない」。

③ 相手にしっかり対峙する：部下に対して、上司が忙しい態度を見せない。

④ 安堵感を持たせる：報告をしたことが良かったと思わせる。

⑤ 笑顔を見せる：報告することは緊張を伴う場合が多く、聴き終わった後に相手に感謝の気持ちを表す。

最も大事なことは、部下との信頼関係をしっかり持って臨むことである。報告は上司と部下のコミュニケーションの手段であるため、部下の報告を活発にするためには信頼関係が欠かせない。これができなければ管理職自身が「ほう・れん・そう」をダメにしてしまうこととなる[12]。

【参考文献】
1) 愛知労働基準協会、「安全衛生推進者養成講習」
2) 国土交通省、「規制緩和に伴う法適用対象港の考え方」
3) 柴田悦子（2008）、「戦後経済の流れと港湾政策の検討（前編・1982 年まで）」、海事交通研究、第 57 集
4) 柴田悦子（2009）、「戦後経済の流れと港湾政策の検討（後編・1983 年以降）」、海事交通研究、第 58 集
5) 国土交通省（2006）、「港湾運送事業の概要」
6) 国土交通省（2003）、「港湾運送事業法の概要及び規制緩和の経緯について」「規制改革推進三か年計画」
7) 国土交通省（2003）、「港湾運送事業法適用対象港について」
8) 日本港運協会・全国港湾労働組合連合会・全日本港湾運輸労働組合同盟（2012）、「事前協議 協定書・確認書集」
9) 社会人の教科書
10) 農林水産省（2021）、「日本の食料自給率 令和 3 年度」
11) 経済産業省資源エネルギー庁（2021）、「日本のエネルギー 2021 年度版」
12) 日系パワハラ、「多分、報・連・相の意味は間違って伝えられているよ」
13) 髙橋実（2021）、「「報連相は部下からすべし」と考える上司が大間違いなワケ」
14) 山崎富治（1989）、『ほうれんそうが会社を強くする』、ごま書房新社

第9章　港湾の安全

　古今東西、多くの企業で「安全第一」のスローガンを掲げているが、その実態は過去と今日で違いがある。人命重視はいつの時代も不変であり、安全を願う関係者の気持ちも揺るぎないが、1955年以降の高度経済成長期を支えた日本の港湾では、押し寄せる多くの船舶と膨大な貨物を日々さばくことに迫られ、「安全第一」の原則を踏まえつつも無理を承知で作業を行うことがあり、事故も多かった。これは「安全の軽視」ではなく、困難な作業でも「どうにかしてやり遂げる」という港湾人が持つ職業意識と責任感の強さによるものであった。

9.1　労働安全衛生法の成立

　1961年に大規模な船混みが発生し、政府は問題解決のため「港湾整備5カ年計画（1961〜1965年）」を打ち出した。翌1962年8月に内閣府属「港湾労働対策審議会」へ諮問し、同審議会は1964年3月3日に「港湾運送事業の改善について答申（三・三答申）」を発表した。この答申が出された同年9月1日に、労働災害防止団体法に基づく認可団体として「港湾貨物運送事業労働災害防止協会（港湾災防協会）」が設置された。

表 9.1　港湾運送事業における休業 4 日以上の死傷件数

年	死傷件数（件）	
	休業 4 日以上	死亡災害
1964 年（昭和 39 年）	13,347	133
1974 年（昭和 49 年）	9,230	79
1984 年（昭和 59 年）	2,387	33
1994 年（平成 6 年）	735	15
2004 年（平成 16 年）	334	10
2014 年（平成 26 年）	349	5
2022 年（令和 4 年）	424	1

（出所：厚生労働省「港湾労働関係資料」）

　当時、労働安全衛生法はまだなく、労働者の安全衛生についての規準は、旧労働基準法第42条5章「安全及び衛生」という部分に組み込まれていた。1972年に旧労働基準法から独立させた「労働安全衛生法」が成立し、他の産業とともに港湾運送事業でも安全作業への管理の徹底と働く側の安全意識が浸透していった。

　その後も、港湾で働く人への労働災害に関する注意喚起や情報提供、労働安全衛生法に基づく技能講習、特別教育などについては港湾災防協会が重要な役割を担い、その推進活動に各社が参画し、社員の安全教育を施すという流れが定着していった。

　このような関係法令の整備と安全教育への地道な取組みにより、港湾運送事業に関連した労働災害の発生は、年度ごとの目標に対して達成・未達成を繰り返しながらも長期的には減少させていった。港湾災防協会が設置された1964年の港湾における休業4日以上の労働災害発生状況は、死傷件数13,347人、死亡災害133人であったのに対し、58年後の2022年は死傷件数424人（97%減）、死亡災害1人（99%減）となった。

　「怪我と弁当は自分持ち」という時代には、事故に対する企業責任は現在ほど重く問われることはなかったが、今日では事故が起きれば個人だけの損失ではなく、企業の管理体制の問題として見なされることになる。その内容と対処次第では顧客を失い、仕事を失い、会社そのものを失いかねない。

9.2　港湾における安全の考え方

（1）港湾に潜む危険の芽

　国際機関が定めている安全の解釈を図9.1に示す。安全の定義は「受容できないリスクがないこと」であるが、同時に、安全な状態であっても「受容できるリスクは常に存在している」ということである。

　港湾における安全を考えてみると、港湾の職場に安全な場所はないといえる。本来存在するのは「危険」で、いま安全でも時間の経過とともに同じ場所が危険な場所に変わるのが港湾の職場である。安全な状態とは、危険を取り除きまたは抑え込み、その対策が維持されている特殊な状態をいうが、いかにこの状態を保つかが重要である。

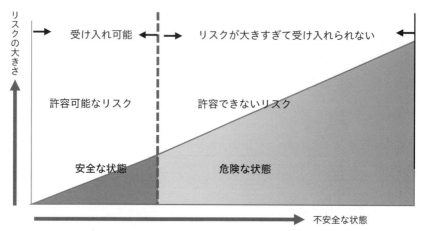

図 9.1　ISO/IEC ガイド 51：1999 による安全の解釈

安全な状態でありながら常にリスクは存在する。絶対な安全は存在しない。
（出所：KEYENCE「リスクと安全」）

（2）刻々と変わる作業環境

　作業の進行によって本船内の積付け状態は変化し、沿岸でも、倉庫でも、貨物の蔵置状況は違ってくる。それまで安定した積付け状態を保持していた積載場所も、時間の経過とともに不安定な状態となる場合もある。機器のオペレーターから見える視界も、積付け状態の変化や天候の移り変わりなどで、今まで見えていたものが次の瞬間に見えなくなることもある。

　沿岸のエプロンサイドでは、機器や通行者の動線は貨物の蔵置状態の変化により移動し、先ほどまで安全な動線であった場所を大型機器が走り回るようになるなど、人と機器、人と貨物、機器と貨物が接触する危険性が作業の進行とともに変化する職場であることを認識しなければならない。

　以下に、船内・沿岸荷役における作業環境の特性を整理する。

① 　荷役する船は毎回変わる（仕事場が都度違う）。

② 　同じ船でも積付け場所、積付け状態が変わる。

③ 　同じ船、同じ積付け状態でも取扱う貨物が違う。

④ 　時間や荷役の進行具合によって危険度が違ってくる。

⑤ 　貨物の種類、荷姿、形状、重量、容積などにより荷役方法が違う。

⑥ 　天候の変化により、温度、湿度、照度、風速、波高などが変わる。

図9.2　コンテナ船上での玉掛け作業

(出所：筆者撮影)

　港湾での事故発生は、作業の始まりと終わる間際の時間帯が多い。作業開始時は、作業場所に馴染む過程や作業のペースをつかめないうちに、危険因子が身近に迫ることで発生し、作業終了間際は、疲労の蓄積が重なった状態で時間に追われ、注意が散漫になるなどの要因で発生する場合が多い。

(3) 港湾運送事業の特徴

① 業務の波動性による仕事量の偏り

　港湾運送事業は、世界経済の好不況による荷動きの動向に影響を受けやすく、船舶の運航スケジュールや気象・海象の自然現象によって荷役も左右されるなど安定的ではなく、日々の業務量にも波動性がある。この波動性により、日々の作業量の偏りが発生し、連続して密な業務量をこなさなければならない場合がある。密な労働が長時間継続すると、肉体的・精神的に疲労をきたし、集中力を欠く行動に陥りやすい。

② 労働供給性・労働集約性による労務

　港湾運送事業は、船会社、荷主からの求めに応じ港湾荷役の労務を提供するという受注型の労務供給的な側面と労働集約型産業の側面を有している。

　以前に比べ、荷役機器の目覚ましい発達と情報処理技術の進歩で身体を酷使しての肉体労働は減少したが、機械化を導入しにくい場所や貨物の種類によっては、依然として人の手による作業もある。

③ 気象状況に左右される職場環境

　船舶に積載された貨物の積卸しや沿岸作業における貨物の荷卸しなど屋外で

の作業が多い。屋外の作業は穏やかな環境下や好条件ばかりではなく、時に風雨や降雪の中など自然現象と向かい合いながらの作業となる。足元が滑りやすい、視界が悪い、強風に煽られるなど、安全な屋内とは違う労働環境がある。

④　本船のスケジュールに合わせた作業時間

国際間物流は 24 時間休むことなく進行している。定期船は定曜定時の運航スケジュールで動いており、入港し接岸後すぐに荷役が開始され、荷役終了と同時に出港となる場合が一般的である。本船作業の遅れは、そのまま運航スケジュールの遅延となり、次の港への到着が遅れることとなる。

1 日 1 日の遅れが積み重なり、年間を通じ数十日、数航海の運航ロスとなり、船会社にとっての損失は莫大なものとなる。本船荷役の目指すところは、安全作業の遂行と本船速発（Quick Dispatch）であり、荷役を安全・確実に終わらせ、本船を遅延なく無事に出港させることが港湾人すべての共通理解となっている。時に、本船トラブルや荷役作業の遅れが生じ、出港時間が迫る中での緊迫した作業遂行となる場合もある。

(4) 事故の特性

港湾産業の事故に限らず、あらゆる事故において「周期性」と「連続性（同種性）」があるといわれている。

①　周期性

過去に同じ事例があり、対策を講じると一定期間は効果を発揮し、問題が解消され平穏を保つ。その後、ある時期になると人が変わり記憶が薄れ、作業基準を守らず自己流となり、その結果再び過去と同じ原因による事故がサイクルとして起こる現象をいう。

②　連続性（同種性）

一旦事故が起きると、地域や原因を変えて人身事故や貨物事故が連続して多く発生することをいう。事故が眠っていたかのように長く発生していない状態から、一旦どこかで事故が発生したら続けて起こるという現象は、港運業界のみならず飛行機事故や鉄道事故など他の業界でも見られる。

このメカニズムは詳しく解明されていないが、その原因は偶然ではなく必然であることは間違いない。なぜならば、事故の発生が「周期性」や「連続性

（同種性）」を持つのは、同じような集団において行われる人間の生活、活動、行動、習慣に類似性があるためで、偶然に起きているわけではない。

(5) 事故を戒めることば

諺には、経験則あるいは古人の言葉として生まれ、人生の教訓として語り継がれ、馴れ親しんだものが多くある。その中で、事故や災害あるいは事件が起こるとよく使われるものに「一度あることは二度ある」「災害は忘れたころにやってくる」「歴史は繰り返す」という諺が広く知られている。

①　「一度あることは二度ある」

物事が一度起こると、同じようなことが続いて起こることの意味に用いられ、良くないことは続いて起こりがちだと戒めて使われることが多い。

②　「災害は忘れたころにやってくる」

災害の直後は対策や心構えなどについて厳しく管理を行うが、時が経ち人々がそれらを忘れてしまうと、再び災害は見舞うものであるとの意味で用いられている。

③　「歴史は繰り返す」

一個人や世界について、過去に起こったことと同じようなことが何度でも繰り返し起こるものであるとの意味で用いられる。

これらの諺を裏付けるように、過去の事故事例を調べてみると同じような事故が連続して起こり（連続性）、忘れたころに同じような事故がたびたび発生（周期性）していることがわかる。

9.3　港湾における事故防止への取組み

事故防止の対策は、事故原因を炙り出し、これらの災害の芽を一つひとつ摘んでいくことが重要である。このときに注意すべきことは、事故に至った直接の要因だけではなく、その裏に潜み事故に至るまでに積み重なっていった本質の要因まで導き出し、それらに対する確実な歯止め策を施すことである。

具体的な事故防止対策の例を以下に示す。

(1) 安全教育

① 作業基準、安全作業に関する指導・教育（入社時・定期異動者）。

② 定期的に繰り返しての指導・教育（作業前、作業中間、作業終了後、月例、半期、年間）。

③ 階層別教育（採用時、2 年目、3 年目、5 年目、10 年目、新任管理職、課長、部長、役員研修）。

(2) 現場パトロール

① 定期的に現場の作業状況を見回り、終了後に気付いた事象について意見交換する。パトロール後の意見交換は議事録を作成し、関係者へ開示して、その後の安全管理に活かす。

② メンバーは当該部門の管理職のみならず、役員や他部門などからの参加も企画し、現場の業務に精通していない視点からの意見も引き出すよう工夫する。

(3) 指差呼称

① 日本の旧国鉄によって始められた事故・災害予防対策の手法。英語では「Pointing and Calling」という。日本以外での採用例は少なく、世界的に普及しているシステムではない。1912 年に神戸鉄道管理局内で、目が悪くなった機関手の堀八十吉が機関助手に何度も信号の確認をしていた。同乗していた同局機関車課の幹部は、堀機関手の目が悪いことに気がつかず、素晴らしい安全確認の動作であるとしてルール化し『機関車乗務員教範』（神戸鉄道管理局）に「喚呼応答」として採用した。

② 指差呼称は腕と指で確認する対象を指差し、見たモノを口に出して言い、言った言葉を自分の耳で聞く。このときに腕、指、口、目の筋肉を動かすため脳の覚醒を促し、意識レベルが切り替えられ、確認する精度が高まる。

・対象をしっかりと見る

・呼称項目を「○○」と唱えながら
・右腕を伸ばし
・人差し指で対象を指差し
・対象をしっかりと見る

・右手を耳元まで振り上げながら
・本当に良いかを考え確かめる

・確認出来たら、「ヨシ!」と唱えながら確認対象に向かって振り下ろす

図 9.3　指差呼称
（出所：港湾貨物運送事業労働災害防止協会「指差呼称運動実施要領」）

(4) ヒヤリハット活動

　業務中、もう少しで怪我や事故になるところだったという危ない思いをする労働者は多い。そのときに「ヒヤリ」としたり「ハッ」としたりすることを「ヒヤリハット」という。ヒヤリハットは同じ職場や同じ形態の仕事をしていれば誰でも遭遇する可能性があるため、関係者間でヒヤリハット情報を共有し、現れた災害の芽を全員で早期に摘み取る活動が事故防止には重要である。ヒヤリハット防止の手法は以下のとおりである。

　①　人は時間とともに記憶が薄れていくため、ヒヤリハットを体験したその日のうちに記録し、担当窓口へ報告する。

　②　ヒヤリハットは不安全な行動で発生する場合が多く、その行動に対して当事者を叱り、責任などを問うと次回から貴重な報告が出されなくなるため、責任の追及や処罰はしない。

　③　ヒヤリハット報告に対して、その後に何も改善が行われなければ、報告する意欲を減退させる。それぞれの報告には真摯に向き合い、可能な限り早期に対応し、報告者や関係者へ目に見える形で改善活動を実施する。

　④　同じ職場、同じ仕事を行っている関係者へヒヤリハット情報を遅延なく水平展開し、同様のヒヤリハットが発生しないようにする。

(5) 危険予知訓練（KYT 活動）

　職場や作業の状況を描いたイラストや写真などを使用し、その光景の中にどのような危険が潜んでいるか、危険な状態はどのような事故に発展するか、その問題点に対する改善策・解決策は何かなど、全員で意見を交換し追求する訓練をいう。危険（Kiken）のK、予知（Yochi）のY、トレーニング（Training）のTをとってKYT活動ともいう。

(6) 安全の三原則を実践

　職場の災害を防ぐためには「整理整頓」「点検整備」「標準作業」の三原則を守ることが重要である。

　①**整理整頓**：単なる片付けや掃除をすることではなく、作業に必要なものと不要なものを区分し、不要なものを処分する。これにより、必要なものを必要なだけ使うときに、すぐ取り出せる状態に保つことができる。作業現場の通路などは、どこからでも見通しがきくようにし、障害物を置いてはならない。モノを置く場合の原則は、平行、直角、一方向に揃えること。

　②**点検整備**：毎日使用する荷役機器や装置、工具類などに異常がないことを確認し、もし異常があれば担当部署へ報告して適正な修繕を行う。作業開始前の点検、終了後の点検、法的な定期検査、部品の交換などを行い、実施したものは漏れなく記録しておく。

　③**標準作業**：各職場には、長年の知恵と苦労を重ねた末に作成された作業マニュアル、作業指示書などがある。決めたことは守り、改訂が必要な事項は遅延なく改め、常に最良・最適な仕事の仕方を追求することに努める。

　　事故は決められた作業方法、守らなければいけない作業手順などを逸脱したときに発生しやすい。標準作業には「安全に」「正しく」「早く」「楽に」「ムリ・ムダ・ムラのない動作」で行われることが求められる。

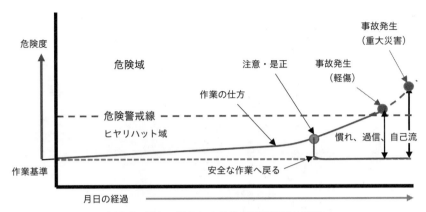

図 9.4　慣れ・過信による作業基準逸脱の図解

（出所：中小建設業特別教育協会「ヒューマンエラーはなぜ起きる」、社会福祉施設従業者研修「事故はなぜ起こるのか」）

(7) 職場の 5S 活動

　5S 活動は、限られた人だけで整理整頓や掃除をするということではなく、組織を挙げて取り組み、働きやすいと感じられる職場環境を実現していく活動をいう。

①**整理**：要るものと要らないものを区別して、要らないものを処分すること。

②**整頓**：要るものを使いやすい場所にきちんと置くこと。

③**清掃**：身の回りの職場をきれいに掃除して、いつでも使えるようにすること。

④**清潔**：誰が見てもきれいでわかりやすい状態に保ち、そのきれいな状態を保とうという気持ちにさせること。

⑤**しつけ**：職場のルールや規律を守り、習慣付けること。

(8) 安全標語、安全ポスターによる意識付け

　厚生労働省、労働基準局、防災機関などが作成する安全ポスターや標語を、各社、各現場での啓蒙活動に活用し、関係者への安全意識の高揚に努める。

図 9.5　安全標語、安全ポスター

(出所：厚生労働省)

(9) 安全パトロールの要領

　現場の作業状況を定期的に見回ることは、安全管理の面で重要な取組みである。作業に携わる人が常に安全基準に沿って行動していれば事故は起きないというわけではない。現場での事故は「人の問題」「機械の問題」「職場の問題」「自然現象の問題」「その他第三者による問題」など、さまざまな要因で引き起こされる。とはいえ、事故原因に占める発生原因のほとんどは、私たち人間が原因となって発生し、その多くはヒューマンエラーといわれるもので、人の行動に絡むものが多い。

　安全パトロールを行うことで、現場の関係者が見落としている災害の芽や慣れによる安全基準との齟齬、さらに安全な作業を行うための助言など、目に見えながら気が付かない危険性や、より安全な改善策などを引き出すことが可能となる。

表 9.2 安全パトロールの要点

1	事前に現場責任者と当日の作業内容について打合せを行い、より効果的なパトロールになるように計画する。
2	参加者は一般的に同部門の担当役員・管理者で占められる場合が多いが、可能な限り現場を見ることが少ない管理部門、営業部門のメンバーも加え、さまざまな視点から現場を見てもらう。
3	当日の作業現場に適した服装で参加する。
4	現場に到着する前に、当日の作業内容、注意事項などについて説明を受け、理解しておく。
5	当日の重点取組み項目を確認し、パトロールに入る前に全員で「指差呼称」を行う。
6	パトロール時の点検項目が記載された「安全パトロール チェックシート」をもとに、気が付いた点を記入する。
7	基本的にはパトロール隊として一団となって行動するが、本船上などでは安全を確保しながら分散して、さまざまな視点から現場を巡視する。
8	安全パトロールでありながら、時としてパトロールメンバー自身が危険な行動をする場合がある。常に前後左右、頭上、足元などを確認しながら、自分の行動や立ち位置が安全であるかを把握するように心がける。
9	パトロールをしながら、現場の作業関係者へ可能な限り声かけを行う。「ご安全に」「お疲れさま」「こんにちは」など。
10	パトロール中に気が付いた点や疑問と思う事象に接した際は、現場責任者や作業員へ即座に伝える。不安全な状態、不安全な行動が確認された場合は、その場で指摘し是正させる。
11	是正を行う場合は、具体的な情報を残しておく。(是正者の特定、場所、時間、指摘内容など)
12	安全パトロールは悪いところを見つけ出すことだけが目的ではなく、良いところも見つけ、褒めることにも努める。
13	パトロール終了後に参加者全員の意見を提出し合い、是正すべき点については時間を空けず対応を行う。
14	パトロール実施報告会の議事録を作成し、遅延なく上司を含めた関係先へ配信する。
15	是正すべき項目について対応を行った場合は、関係者間でその結果に関する情報を水平展開し、共有する。
16	次回パトロールの際に前回の指摘事項、その後の改善状況などを報告し、関係者へ周知させる。

【参考文献】
1) 厚生労働省、「港湾労働関係資料」（令和 4 年 3 月）
2) KEYENCE「リスクと安全」
3) 港湾貨物運送事業労働災害防止協会、「指差呼称運動実施要領」
4) 中小建設業特別教育協会、「ヒューマンエラーはなぜ起きる」
5) 社会福祉施設従業者研修、「事故はなぜ起こるのか」
6) 港湾貨物運送事業労働災害防止協会、「安全ポスター」

終章　謝辞にかえて

　本書では、港湾運送事業の人材育成に着目して、能力開発施設という教育現場と港湾・物流企業の実務の現場という両面から、筆者らが今まで行ってきたことを中心に、解説してきた。両面からの気付きは以下の通りである。

　第一に、OJTの重要性である。港湾カレッジのような能力開発施設や専門学校のカリキュラムは、4年制大学と比較して、実務実習のようなOJTが多く、職業教育に力を入れている。そのため、就職後に即戦力となる資格や技能・スキルを保有して就職することができる。業界の状況をある程度理解した上で就職するため、こんなはずではなかったというリアリティショックが少ない。その結果、仕事に満足し、離職にまで至らないことが多い。

　同様に、入職後の企業での実務経験は、学生時代の学びと比べて、質・量ともに比較にならないほど内容が濃い。それだけ、実際の仕事を通じて、組織・社会の一員として責任を持って日々取り組むことにより、人間的にも成長するのである。まさに、「仕事が人をつくる」といっても過言ではないだろう。在学中のわずか2週間足らずのインターンシップ（OJT）からも、参加した学生の成長ぶりは目を見張るものがあったことを思い出す。

　第二に、インタビュー調査結果から港湾カレッジ卒業生の以下の言葉が印象に残っている。

　「離職を防ぐには、職場での自分の存在意義、自分が必要とされているとわかることが重要。自分の居場所があることだと思う。今の自分は部署の人たちに必要とされていると思いますし、自分も社内の人たちがいなければ仕事ができないと思いますし。会社に必要とされていて、お客様にも必要とされていることがわかれば、それに応えたいと思うのでもっと頑張ると思う。」（倉庫管理、短期大学卒、男性、5年目）

　このように、自分の居場所があること、すなわち、自分が会社にも顧客にも必要とされていることがわかれば、それに応えたい、頑張りたいと思うように

なるということである。上司は、そのことをしっかり受け止めて部下に日々接することが重要である。

また、以下の内容は、複数の企業の社員から指摘されたものである。

「僕ら20代から30代には、時代に合わない体制だと感じて辞めていく人はいる。現在の経営形態による将来性への不安、自分の考える5年後10年後のキャリアプラン通りに行かないのでは？　といった不安があります。」（港湾作業管理事務、大学卒、男性、3年目）

「業務自体はやりがいがあり、顧客の要望に沿って物事を滞りなく進められたときは達成感があります。しかしながら、部署内の体制のあり方、仕事量の配分については改善点があると考えております。上司や先輩は改善点に対する意識が薄く、また物事を変えることに消極的であるため、どのように意識付けや提案をすべきか模索中です。」（国際物流管理、大学卒、女性、8年目）

現在は、「先行きが不透明で、将来の予測が困難なVUCAの時代」である。経営者にとっては、新型コロナウイルスの流行や、地球温暖化に伴う気候変動や異常気象、台風や地震といった災害など、予測が困難な事象にどう対応していけばいいのか舵取りが大変な時代といえよう。また、日本や先進国では、少子高齢化が深刻な問題として取り上げられており、働き方においても、従来の日本の企業では当たり前だった終身雇用や年功序列といった制度もなくなりつつあり、人材の流動性も高まっている。

このようなVUCAの時代への対応策の一つとしてDX（Digital Transformation：デジタルトランスフォーメーション）が挙げられる。顧客や社会に、より貢献できるようにITを利用して製品やサービスを変革していくと同時に、企業の競争力を高めていくものである。1社だけではなく、業界全体で取り組むべき課題だと思われる。

いずれにしても、一般的に3K職種といわれている港湾・物流企業に入社してくれた社員が離職せずに、やりがいを持って継続して働くことができるように、管理者側は、魅力ある職場づくりの実現を目指してほしいものである。

第三に、港湾人材の担い手不足に対する対策が急務であることを挙げたい。

　国土交通省は、全国の港湾運送事業者を対象に、「港湾労働者不足に関する実態調査」（2020年12月〜2021年1月）を実施した。この結果、事業所の過半数で港湾労働者が不足しており、4割以上で港湾運送への影響が生じているなど、港湾労働者の担い手不足の実態が深刻であることが判明した。「はじめに」で述べた港湾カレッジ横浜校をはじめ、港湾カレッジ神戸校、ポリテクセンター名古屋港、ポリテクセンター大阪港の4施設では、港湾・物流業界等への就職を目指す人々の人材育成を行っているが、応募状況は決して良いとはいえない。学生の4年制大学からの港湾・物流企業への志望変更は、景気に左右されると聞いているが、一般的に仕事に対する具体的なイメージを持ちづらく、職業としての認知度が低いことから就職先として選ばれにくいという実態が浮かび上がってきた（国土交通省の港湾運送事業者へのヒアリング調査結果（2021年）より）。港湾の仕事は、貿易を支えており、国民生活に不可欠であるにもかかわらず、認知度が低いという現実は残念でならない。

　まずは、港の仕事の魅力を伝える動画やPR素材の作成が不可欠である。さらに、働きやすく、働き甲斐のある職場を確保するため、女性や高齢者等にも働きやすい労働環境の整備が必要である。具体的には、清潔な休憩室・更衣室、食堂、女性トイレの整備等である。2024年2月にみなとみらいの国際展示場で開催された港湾カレッジの学生の卒業論文発表では、港湾人材の担い手不足から自動化、AIの活用、「3K（きつい、きたない、危険）」から「新3K（給料がよい、休暇が取れる、希望がもてる）」への実現に向けた取組みなどさまざまな提案が挙げられた。そして、新規の人材が確保できない場合は、既存の人材をいかに高品質な人材に育成できるかが課題となる。ダイヤモンドの原石をピカピカに輝く宝石に磨いていくのである。

　最後に、教育現場での学生の職業能力開発とともに、企業における在職者研修による人材育成を挙げたい。

　筆者は、港湾カレッジで学生の授業を実施しているが、同時に、主に学生が就職した企業において研修講師として授業のない夏休みや春休みを中心に出向いている。また、港湾カレッジで実施する企業の在職者セミナーコースも担当している。

　そこで行った港湾・物流企業19社の入社10年以内の社員272人からの質

問紙調査の回答および当該調査回答者のうち 30 人に実施したインタビュー調査から、部下を持つ管理職に対する研修の必要性を痛感した。まずは、上司が自己理解を深め、自らが発信している空気が部下にどのように受け止められているのかを知る必要がある。自分では無意識に発している言葉が、相手にはハラスメントとして受け止められることも少なくない。人手不足の中、選んで入社してくれた社員という人材の原石をダイヤモンドとして輝かせるのも原石のまま埋もれさせるのも上司次第である。

　筆者としては、このように、キャリアコンサルタントの国家資格を活かしながら、引き続き、港湾カレッジという職業能力開発施設における学生たちの教育指導とともに、港湾・物流企業における集団研修講師および個別コンサルティングを通じて、教育現場と企業実務の現場両面において、港湾・物流業界の人材育成に微力ながら携わっていきたいと考えている。

　そのひとつが、厚生労働省が進めている「セルフ・キャリアドック」である。これは、キャリアコンサルティングとキャリア研修などを組み合わせて行う、従業員のキャリア形成を促進・支援することを目的とした総合的な取組みのことである。筆者が慶應義塾大学大学院後期博士課程（政策・メディア研究科）に在籍中お世話になった主査の花田光世慶應義塾大学名誉教授がセルフ・キャリアドック導入支援事業推進委員会座長を務めている。

　最後に、本書をまとめるにあたってご指導、ご支援をいただいた多くの方々に心より感謝申し上げたい。特に、ご多忙の中、アンケートおよびヒアリング調査にご協力いただいた港湾・物流企業の人事ご担当者、若手社員の皆様に感謝申し上げる。また、港湾物流業界における人材育成をテーマとして本書の出版にあたり、ご賛同いただき、編集の労を取っていただいた成山堂書店ならびに同社の編集グループの方々に厚くお礼申し上げたい。さらに、巻頭の辞「発刊にあたって」の執筆依頼を快諾していただいた神奈川港湾教育訓練協会会長兼藤木企業株式会社取締役相談役の藤木幸夫氏、共著者として企業実務の面から執筆にご協力いただいた元株式会社ダイトーコーポレーション常務取締役であり、港湾カレッジ OB でもある柴原優治氏に心よりお礼を申し上げる。

　港湾関係教育機関の卒業生を迎え入れる企業の多くが、採用する理由として現場での即戦力を挙げている。このため、採用後は港運事業において収益の柱である現場部門へ配属されることが多い。

　就職先は港湾運送事業第 1 種から第 7 種、さらに港湾運送関連事業まで幅広い。第 1 種の場合は、元請け事業以外に海貨通関業、船舶代理店業、倉庫事業、国内物流事業、曳船事業、海外事業などへの配属も多い。第 1 種（一般港湾運送事業）、第 2 種（港湾荷役事業　船内・沿岸）、第 1 種限定（海運貨物取扱業）が選択先としては多くを占め、専用ふ頭事業者、各種物流事業者と続いている。

1.1　卒業後の主な配属先

（港湾カレッジ 2020 年〜2023 年 3 月修了生実績　五十音順）

　味の素コミュニケーションズ、東海運、天野回漕店、池田機工、いすゞロジスティクス（旧いすゞライネックス）、宇徳港運、宇徳トランスネット、SBS ロジコム、F-LINE、岡本物流、沖縄西濃運輸、神奈川都市交通、関東港運、楠原輸送、栗林運輸、京濱港運、ケイヒン配送、コクサイエアロマリン、国際埠頭、鴻池運輸、鴻池メディカル、相模運輸倉庫、三協、山九、山九海陸、ジャパンフード、ジャパンロジスティクス、鈴江組、鈴江コーポレーション、センワマリタイムエージェンシー、大東港運、ダイトーコーポレーション、太洋マリーン、TAKAIDO クールフロー、東京計器レールテクノ、東京国際埠頭、東洋埠頭、トナミ国際物流、内外日東、中谷興運、日新、日新産業、日本海事検定協会、日本貨物検数協会横浜支部、日本国際輸送、日成、ニッパ、日発運輸、野口食品、早川運輸、早川海陸輸送、原田港湾、プラスロジスティクス、北王流通、ホンマ、丸全昭和運輸、マルハニチロ物流サービス関東、三井埠頭、明正運輸、八楠、ヤマタネ、ヤマトグローバルロジスティクスジャパン、ユニエックス NCT、横浜共立倉庫、横浜港湾作業、横浜冷凍　など。

1.2　港湾業界での職務

（1）本船荷役監督

　本船荷役の現場最高責任者は、一般的に海務監督、現場監督、フォアマン、スーパーバイザーと称される。船会社および本船側の要請に基づいて、荷主または荷受人の要望と合わせ、貨物の完全な受渡しに向けた荷役作業を遂行するための荷役計画を立案し、必要とする諸手配、荷役機材および作業員などの手配を行う。現場では高度な技術と経験に基づき、作業全般を指揮監督し、円滑な荷役推進を図り、本船速発と安全な荷役の完遂に尽力する。

　本船荷役では、時に 100 名を超える作業関係者を指揮・監督するため、港湾の業務に関する幅広い知識や統率力など多くのスキルが必要で、卒業生も多く従事している。本船荷役監督の職務は、直接貨物に触れたり荷役機器を操作するなどの実作業にあたるわけではなく、荷役全般を指揮・監督し、適切な判断を絶えず下すため、肉体的な疲労より精神的な心労がかかる職務といえる。

（2）コンテナターミナル業務

　コンテナターミナルは、コンテナ船専用岸壁として建設し運営される港湾施設である。近年ではコンテナ船の大型化が進み、最大船型は 24,000TEU を超え、全長は 399.9m にもなる。それに伴い世界のターミナルも大水深岸壁、メガガントリー導入、無人化オペレーションシステムなどへの整備が進んでいる。コンテナターミナル内の業務は多くの部門からなり、そのすべての部門で卒業生が活躍している。コンテナターミナルの各部門の例を以下に示す。

　① 　**業務部**：経理・庶務全般統括（金銭収受、経理、庶務業務、見学者対応）

　② 　**オペレーション部**：本船荷役・ヤードオペレーション業務統括（本船動静把握、本船荷役計画、荷役監督、手仕舞書類作成、関係官庁申請、気象状況把握、ターミナル内安全管理、ヤード有効利用計画、ターミナル内作業指示、無線管理、コンテナ在庫把握、マーシャリング把握）

　③ 　**受渡部**：ゲート関係全般統括（外来ドライバーへの三点確認〈本人確認・所属確認・目的確認〉、コンテナ搬出入受付、コンテナ搬出入ダメー

ジ確認）

④ **船積み営業部**：コンテナ受渡し、輸出入書類・請求書関係統括（輸出入
手仕舞、海貨業務、コンテナ受渡業務、コンテナインベントリー業務、保
管料、検査料などの請求業務）

⑤ **CFS 部**：CFS（複数荷主の小口貨物の混載）輸出入業務統括（輸出バン
ニング業務、輸入デバン・デリバリー業務、CFS 入出庫受付、植物検疫・
動物検疫立ち会い）

⑥ **メンテナンス部**：メンテナンス業務全般統括（ヤード内機器点検修理、
冷凍コンテナモニタリング・点検修理、庶務・請求書作成、ターミナル内
汚水、CO_2 排出管理などの環境測定）

（3）船舶代理店業務

　船会社・荷主の代理者として、各港の入出港船舶に関わる諸官庁への許可申
請手続き、離着岸に必要な水先人、タグボート、綱取り・綱放しなどの手配、
本船、荷主、船会社をはじめとする各関係先への連絡、荷役協定書の作成など
業務は多岐にわたる。エージェント業ともいわれ、業務の内容によりさまざま
な営業形態がある。

① **業務別による分類**

1）**船舶代理店（AGENT）**：前述（3）の業務をトータルで行う者。

2）**船積み代理店（SHIPPING AGENT）**：本船への貨物の積込み業務全般
を船会社から委託されて行う者。輸出貨物に対する代理店業務。

3）**陸揚げ代理店（LANDING AGENT）**：本船から貨物を陸揚げする業務
全般を船会社から委託されて行う者。輸入貨物に対する代理店業務。

4）**集荷代理店（BOOKING AGENT）**：寄港地ごとに地元の集荷代理店と
して、荷役や手配業務などを担当する者。港ごとに指名を受けた代理
店。

② **委託者別による分類**

1）**船主代理店（OWNER'S AGENT）**：船主の代理人として、港に着く船
のスケジュールを管理する者。

2）**傭船会社代理店（CHARTERER'S AGENT）**：傭船会社の代理事務を行

うう船舶代理店。

3) **船舶管理業務代理店（HUSBANDING AGENT）**：船主、傭船会社と同
一の場合もあるが、船の運航者に代わって業務を行う者。

③　**船舶の運航形態別による分類**

1) **定期船代理店（LINER AGENT）**：船の運航日程（曜日、時間）や寄港
地があらかじめ公表され、不特定多数の顧客の貨物を積載する船舶の
業務を行う者。

2) **不定期船代理店（TRAMPER AGENT）**：荷主の要望に合わせて運航さ
れ、日時や寄港地などは都度交渉で決められる船舶の業務を行う者。

外国船員にとって代理店担当者は、日本の港に入港して初めて実務的な言葉
を交わす日本人である。このため、外交官同様に日本の印象を高めるような態
度で接しなければならない。訪船に際しては清潔な身なり、友好的かつ紳士
（淑女）的な振舞い、そして外国船へのアテンドには相応の語学力を有するこ
とが必要な職種である。

(4) 海貨通関業務

荷主（輸出者・輸入者）の委託を受け、港湾地区で貨物の船積み手続き、貨
物の引取り、搬出入、運送、荷役（はしけ＋沿岸限定）などを行う。

港湾運送事業法における一種元請（個品限定）に含まれ、正式名称は「海運
貨物取扱業」。輸出・輸入手続きには通関業務も担当し、海貨業者は必要数の
通関士を抱えている。

業務の都合上、通関業、倉庫業、貨物利用運送事業などの資格も有し、国内
の港湾運送事業のみならず、単独ないし荷主との連携強化を図る目的で国際物
流事業へ進出している海貨業者も多い。

(5) 倉庫業務

依頼主より委託を受けた物品を倉庫に保管する業務で、原料から製品、冷
蔵・冷凍、危険品など多種多様の物品を取扱う。

営業にあたっては、倉庫業法に基づき国土交通大臣から登録を受ける必要が

ある。登録を受けるためには、保管する物品に応じた倉庫施設の基準をクリアした倉庫であること、倉庫ごとに一定の要件を備えた倉庫管理主任者を選任することなどが必要となる。港頭地域内において輸出入貨物を取り扱う倉庫事業は、港湾運送事業法が適用される。

（6）国内輸送業務

　顧客より委託された貨物をトラックやトレーラーによる陸上輸送、内航 RORO 船を利用した海上輸送、鉄道を利用したレール輸送などを駆使して、北海道から沖縄まで日本国内のあらゆる場所へ「Door To Door」の海陸一貫輸送サービスを行う業務。

　近年、環境問題への意識の高まりやドライバー不足による国内物流への影響が懸念（物流 2024 年問題）され、官民挙げての対策や既存の集荷・配達の見直し、共同運送などによる効率の良い輸送への切り替えなどが進められている。今後、荷主や消費者の理解が深まることで、トラック輸送の長距離部分を海上輸送や鉄道利用に切り替える動きが、さらに加速していくことが期待されている。

図付 1.1　北海道から生乳などを関東へ輸送する内航 RORO 船「ほくれん丸」（左）と内航 RORO 船からのトレーラーによる船卸し作業（右）
（出所：左　川崎近海汽船内航定期船部、右　ダイトーコーポレーション HP、私たちの 10 の事業　輸送「陸上輸送」）

図付 1.2　トレーラー輸送で取扱うさまざまな貨物
（出所：ダイトーコーポレーション、物流事業部営業部国内輸送課「取扱い貨物」）

（7）荷役機器保守整備業務

　港湾で使用される荷役機器、車両系荷役運搬機械などの保守・整備作業を行う業務。機器の種類としては、フォークリフト、ショベルローダー、フォークローダー、ストラドルキャリア、不整地運搬車、構内運搬車、貨物自動車、ヘッド・シャーシ、各種クレーン（天井クレーン、ジブクレーン、引込み式クレーン、橋型クレーン、アンローダー）、揚貨装置、ニューマチックアンローダー、AGV（無人搬送車）、RTG などがある。この他、施設内の冷凍機器管理、電気系統の保守点検、廃油・廃液などの管理にも携わることがある。

（8）検数人（検数員、チェッカー、タリーマン）

　輸出貨物の積込み、輸入貨物の船卸しなどに際して、その貨物の特定（品名、荷印、荷姿、荷番）、個数（数量）の計算、受取りの証明などを行う。

　確認・証明する貨物の個数や状態に REMARK（摘要）がある場合は、タリーシートに記載する。検数業務は船会社や荷主などが依頼するもので、引渡側と

受取側の双方で検数人（検数業者）を立て、第三者的立場で証明をする。

　かつては港湾運送事業法に定めがあり、検数人研修を受講し認定総合テストに合格した上で、国土交通省の地方運輸局が備える検数人登録簿に登録を受ける必要があったが、規制緩和の一環として 2005 年 11 月 1 日の法改正により、登録制度は廃止された。

　2006 年 5 月 15 日から検数事業を行う事業者の事業許可基準として、一定の知識・技能を有する検数人を最低限 15 名保有（雇用）しなければならなくなった。

(9) 鑑定人（サーベイヤー）

　船積貨物の状態を確認し、海上輸送に適した梱包、積載方法であるかを証明する。港湾での運送作業中に貨物に損害が生じた場合、貨物の損害の調査や原因の鑑定を行う。

　かつては港湾運送事業法に定めがあり、研修を受講し認定総合テストに合格した上で、国土交通省の地方運輸局が備える鑑定人登録簿に登録を受ける必要があったが、規制緩和の一環として 2005 年 11 月 1 日の法改正により、登録制度は廃止された。

　2006 年 5 月 15 日から鑑定事業を行う事業者の事業許可基準として、一定の知識・技能を有する鑑定人を最低限 3 名保有（雇用）することとなった。

(10) 検量人

　船会社・荷主の委託を受け、船舶による輸出入貨物の積込み、陸揚げの際に貨物の重量や容積の計算、証明を行う。検量人は船会社や荷主などが依頼するもので、引渡側と受取側の双方で検量人を立て第三者的立場で証明をする。

　かつては港湾運送事業法に定めがあり、研修を受講し認定総合テストに合格した上で、国土交通省の地方運輸局が備える検量人登録簿に登録を受ける必要があったが、規制緩和の一環として 2005 年 11 月 1 日の法改正により、登録制度は廃止された。

　2006 年 5 月 15 日から検量事業を行う事業者の事業許可基準として、一定の知識・技能を有する検量人を最低限 6 名保有（雇用）することとなった。

（11）関連事業責任者

① **船貨の固縛事業（CARPENTER）**：船舶に積み込まれた貨物の位置の固定または積載場所の区画作業を行う。

② **船貨の梱包事業（COOPER）**：船積み貨物の荷造りまたは荷直し作業を行う。

③ **船艙内掃除事業（SWEEPER）**：船舶からの貨物の取卸しに先行または後続する船艙の清掃作業を行う。

④ **警備事業（WATCH MAN）**：船積み貨物の警備業務を行う。直視による警備の他、24 時間 365 日対応可能な機械警備（警備員の配置のみならず赤外線センサー、振動型感知センサー、監視カメラなどを駆使して監視や警備業務を行う方法）で、日夜現場の警備にあたっている会社も多い。

（12）情報システム業務

企業内で使用する IT システムの管理・メンテナンスおよび開発を担う。港湾の企業では、現場部門、管理部門ともにさまざまな業務をシステム化し、効率の良い業務を行っている。社内で求められる各種のシステム開発、外部システムと社内システムとのアクセス管理、社員の認証管理、リモートワークへの対応、セキュリティ対策など、今や情報システムの活用は経営資源（ヒト、モノ、カネ、情報、時間）に欠かせない重要なものとなっている。

（13）荷役機械運転技能者

港湾における代表的な大型荷役機械はガントリークレーンである。20,000 TEU を超える超大型コンテナ船の荷役は、従来のスーパーガントリーでは揚程とリーチがともに足らず、メガガントリークレーン（24 列 9 段対応、リーチ 69m、揚程 56m 以上）と呼ばれるクレーンが導入されている。

メガガントリークレーンはエプロンから運転席までの高さが 50m を超え、艙内のコンテナを脱着する場合の高低差も 56m を超える。この距離でスプレッダの四隅に装備しているツイストロックをコンテナ四隅のコーナーキャスティングのホールに差し込む技術の精度は、二階建て家屋の屋根から庭に寝そべった人に目薬を差すような技とも例えられる。その他、撒貨物の荷役に使用する

クラブトロリ式アンローダー、コンテナターミナル内でマーシャリング作業を
担うトランスファークレーンなども大型荷役機械の代表格である。

　港湾人材育成機関の港湾カレッジ港湾流通科では、専攻コースとして荷役機
械コース、ガントリーマンコースを設け、現場部門のスペシャリストを育成し
ている。

(14) 海外駐在業務

　国際複合輸送、国際海上物流などのワードが現れて久しい港運業界である
が、今や多くの企業が単独ないし船会社・荷主などとの連携で海外へ進出し、
業容の拡大を図っている。

　船会社もすべての海外拠点に自社の社員を配置することは困難なため、資本
傘下のグループ会社などとの連携で適材適所の人材を登用し、海外へ派遣して
いる。

　荷主においても、海外拠点の組織立ち上げやプロジェクト案件に対する物流
全体の構築などの業務を自前の要員だけでこなせない場合は、物流の専門家と
して港運業界へ派遣要請を行う場合がある。

　船会社系のある総合物流会社では、卒業生の採用42名中28％にあたる12
名が海外駐在を経験し、短期・長期の海外出張者も12名を数え、合わせた海
外経験者数は24名（58％）という高い比率で、海外での業務を体験させてい
る。

【参考文献】
1）川崎近海汽船　内航定期船部「内航RORO船　ほくれん丸」
2）ダイトーコーポレーションHP、私たちの10の事業　輸送「陸上輸送」
3）ダイトーコーポレーション　物流事業部　営業部国内輸送課「取扱い貨物」

2.1　キャリア形成概論の授業の流れ

「キャリア形成概論」のカリキュラム（第 7 章表 7.1 参照）は、厚生労働省「キャリア・コンサルティング技法等に関する調査研究報告書」をベースに作成したものである（図付 2.1）。当該授業では、まず、「キャリア」の定義を明確にし、キャリア形成の重要性をペアワーク、グループワークにより討議し、グループごとに発表し考え方をクラス全体で共有する。その後、キャリアの代表的な理論を説明しながら、各理論に関連付けた自己理解ワークをまず個人で行い、それからペアワークやグループワークにより他者からのフィードバックをもらいながら、自己理解を深めていく。

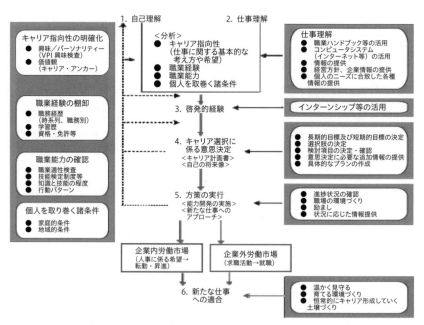

図付 2.1　キャリア形成の流れとキャリアコンサルティング

グレーの部分がキャリアコンサルティングの内容

（出所：厚生労働省「キャリア・コンサルティング技法等に関する調査研究報告書」をもとに筆者作成）

　第1ステップの「自己理解」が深まり、クラス全体の就職に向けた目的意識が芽生えてきた段階で、第2ステップの「仕事理解」のテーマに移る。労働市場の現状を説明した後、自ら業界・企業研究を行うよう促す。その際、就職に向けた同じ方向性の学生同士でグループを作り、関心のある職業に実際従事している社会人に対してグループごとにインタビューさせた。生の声を聴くことによって、自分の進路の選択をさらに絞り込んでいく。インタビュー結果は、グループごとに発表してもらい、クラス全体で情報を共有化することにより就職に向けた取組みを加速させる。

　次は、第3ステップの「啓発的経験」である。既に、アルバイトなどで自発的に啓発的経験をしている学生はいるが、日本版デュアルシステムコースでは、1か月の企業実習がカリキュラムに組み込まれている。ここでミスマッチを防ぎ、もし発生した場合は、内定した企業であっても他の企業を選択するケースもある。

　第4ステップは、「キャリア選択に係る意思決定」である。ここでは、長期的目標および短期的目標を決定し、それらに基づいて具体的な企業選択を行う。絞り込んだ2〜3の企業選択肢から優先順位を決め、具体的なプランを作成する。当該授業では、ここまでをカバーしている。

　第5ステップは、「方策の実行」である。ここからは、授業以外の活動が中心となる。実際に、ターゲット企業を決定して応募する。具体的には、エントリーシート・応募書類の作成、筆記試験対策、面接練習などである。進捗状況に応じた情報提供をし、PDCA[1] を回しながら次の対策に向けて準備する。励ましなどの声かけも重要になってくる。港湾カレッジでは、就職支援アドバイザー（非常勤）と担任（常勤）が中心になって進めている。

　また、当校は、単願のみで併願ができないしくみになっている。1社応募して結果が不合格の場合のみ、次の企業を決定するというやり方である。これにより、企業側は学生に辞退されるリスクを回避できるため、求人倍率が毎年10倍以上となっている。学生側も、1社受けて即内定することが多く、4年制

---

[1]：「PDCA」とは、Plan（計画）を立て、Do（実行）した結果をCheck（評価）して、Action（改善）していく。これを繰り返すことによって品質を高めていくマネジメント手法。

大学のように、50社応募してやっと内定というケースはない。内定まで複数社応募する学生も毎年数名いるが、多くても3社程度である。ほとんどの学生が1社受けただけで内定を取れるというのは、恵まれた就活環境であるといえるだろう。しかしながら、視点を変えれば、1社目の応募企業の選択が大変重要なのである。

　最後の第6ステップは、「新たな仕事への適合」である。4月に新入社員として入社すると同時に、後輩たちが志望する企業に見学引率するので、その際に新入社員の卒業生たちの様子を聞くことができる。また、新入社員のみならず、入社2年目以上の卒業生たちの活躍も聞くことができるので、仕事に適合しているかどうかを見守ることもできる。港湾カレッジでは、企業訪問、見学引率、巡回指導などを通じて企業が求める人材を把握することができるので、それらの企業のニーズをカリキュラムに盛り込み、企業が求める人材を育成している。企業側は、必要な職種について志望している学生の情報を把握できるので、即戦力として採用につなげることができる。港湾カレッジと卒業生が就職した企業とは、開校以来50年近くにわたり太いパイプを築いてきており、お互いにWin-Winの関係になっているといえよう。

2.2　自己理解ワーク

　キャリア形成概論の授業で実際に自己理解のために活用したワークシートを紹介する。授業が全18回と限られているため、実施できるのは5〜6ワークである。そのため、受講者の特性を考慮しながら、最適と思われるワークを選択して実施している。関心のあるテーマがあれば、実際にやってみることをお勧めしたい。どなたでも、どこからでも始められる。

　なお、これらのワークは、実施前後の心理変数[*2]を調べた結果、一部を除いてほぼ全体的に上昇した。本当の自分らしさへの気付きが自己理解を深め、将来に向けてより積極的に行動するようになったことが示唆された（参考文献3)参照)。

[*2]：「心理変数」とは、サイコグラフィック変数ともいい、その人の性格、価値観、ライフスタイル、趣味などの変数で、行動の要因をより深く理解するために有効な変数である。

（1）スーパーの8つの役割

　まずは、キャリア理論の説明の際、「スーパーの8つの役割」を解説し、今の自分の役割、5年後の役割、10年後、20年後と人生における各ステージにおいて自分の役割を投下するエネルギーやお金の推移を以下のワークを通じて考えさせる。

　「スーパーの理論」とは、キャリアを単に職業や職務の連続としてではなく、職業を含むさまざまな役割の組み合わせととらえたもので、図付2.2の「ライフキャリア・レインボウ」が有名である。ここでいう「キャリア」は、「人がその人生においてたどる一連の役割およびその組み合わせ」と定義されており、そのキャリア発達を、①時間（ライフスパン）：5つの発達段階、②役割（ライフスペース）：9つの人生役割の2点で捉えるものである。

　このワークでは、現在の自分の役割と、5年後・15年後の自分の役割を考える。その結果、最後に、本ワークから気付いたこと・感じたこととその理由を記入し、ペアワーク、グループワークを通じてクラス全体で人生における各

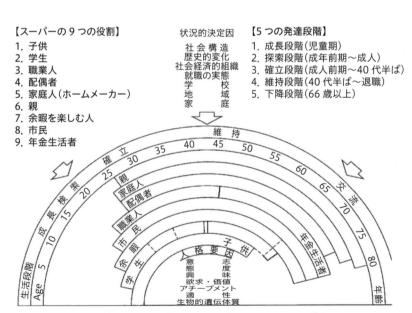

図付2.2　スーパーのライフキャリア・レインボウ
（出所：日本進路指導学会「進路指導研究」資料をもとに筆者追記）

私の役割

　8つに分類された各々の役割に対してご自分の①現在の状況と、次に②5年後の状況をレーダーチャートに表してください。さらに③15年後の状況も記入しましょう。

　メモリの大きさは、自分がその役割に対して投入しているエネルギー量（精神的なもの—愛情・思い入れ、時間、物理的なもの—お金…等）をご自分の尺度でご記入ください。

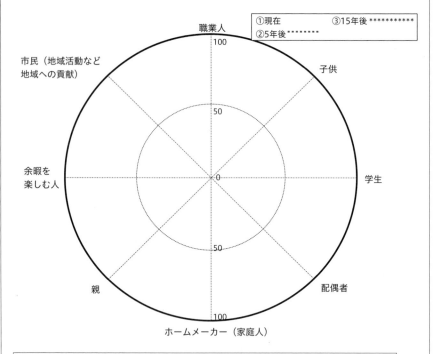

チャートを記入していてあなたが気付いたこと、感じたこととその理由を記入してください。	
気付いたこと・感じたこと	理由

図付 2.3　私の役割ワークシート

（出所：スーパーの理論をもとに筆者作成）

ステージにおける自分の役割を討議する。今だけでなく、人生全体を長い目で見ることによって、今の自分に必要なことを考えることができる。（図付 2.3）

　本来、スーパーは 9 つの人生役割（ライフスペース）があるとしているが、学生対象のワークについては、年金生活者の役割を削除して 8 つの役割とした。

(2) キャリア・アンカーのためのワーク

　現在のように何が起こるか予測できない時代においては、より一層、自分のキャリア・アンカーがどこにあるのかをしっかり把握することが大切である。そのアンカーのありかを知らずに社会という大海原に自分という船を一旦漕ぎ出してしまうと、予測できない嵐に遭遇することによって海底に錨（アンカー）を投げて船を繋ぎ止めることができなくなり漂流してしまうことになりかねない。

　キャリア形成支援の分野では、MIT（マサチューセッツ工科大学）のエドガー・H. シャイン名誉教授が、キャリアを「人の一生を通じての仕事」「生涯を通じての人間の生き方、その表現の仕方」であるとし、「キャリア・アンカー」の概念を提唱したことで有名である。

　その診断ツールは社会人向けとされているが、筆者は、社会に出る前に自分のキャリア・アンカーがどこにあるか知っておくことにより、就職先企業の選択にも活かすことができると考えている。また、自分の価値観とマッチした企業を選択することにより、継続的に働くことができることから、キャリア形成支援の授業において前身の職業能力開発総合大学校から現在所属の港湾カレッジ（港湾職業能力開発短期大学校横浜校）において 15 年近くにわたり実施してきた。シャイン教授によると、診断ツール実施後、パートナーと 1 時間以上かけてインタビューすることが重要であると指摘されているが、大学校での授業は 1 科目 100 分であるため、授業では、診断ツールを実施後、ペアワークでお互いの結果を共有し、質問することにより新たな気付きを得られるようにしている。また、シャイン教授によれば、キャリア・アンカーに関する研究から、ほとんどの人が 8 種類のカテゴリー（表付 2.3 参照）のどれかに自分が当てはまることがわかっているという[6]。

①　キャリア指向質問票（Career Orientations Inventory）（表付2.1）

この質問票は、コンピタンス（成果につながる有能さ）、動機、価値観について、回答者自身の考えを深めてもらうことを目的としている。

質問にはできるだけ正直に、また素早く答えるようにし、どちらかの極に近いと強く感じる場合以外は、あまり極端な点数をつけない方がよい。

1）各項目の点数のつけ方

以下の40項目について、その項目が自分自身にとってどの程度当てはまるかを、1～6の間の数字で記入する。点数が高いほど、その項目が、自分にそのとおりよく当てはまるということを意味する。

たとえば「私はある会社の社長になるのが夢だ」という項目であれば、次のように点数をつける。

「全くそう思わない」：1点
「ほとんど思わない」：2点
「たまに思う」　　　：3点
「ときどき思う」　　：4点
「よく思う」　　　　：5点
「常に思う」　　　　：6点

各項の右側の欄に自分にあてはまると思われる点数を書き込む。回答し終わったら、自身の回答を確認し、最も高い点数をつけた項目がどこかをチェックする。

その中から自分に最もあてはまる項目を3つ選び、その3項目にそれぞれ4点を加算する。その上で質問票の回答を集計する。

表付 2.1 キャリア指向質問票

No	質　問	回答欄
1	「このことならあの人に聞け」と絶えず専門家のアドバイスを求められる分野でうまくやって行くことを目指す。	
2	他の人々のやる気をまとめあげ、チームをマネジメントすることによって大きな成果を上げることができたときに、最も大きな充実感を感じる。	
3	自分のやり方、自分のスケジュール通りに、自由に仕事ができるようなキャリアを目指す。	
4	自由や自律を勝ち取るよりも、将来の保障や安定を得ることが、自分にとってはより重要なことだ。	
5	常に自分の事業を起こすことができそうなアイデアを探している。	
6	社会に本当に貢献できていると感じられるときに、キャリアがうまくいきそうだと感じる。	
7	難題を解決したり、とてつもない挑戦課題に見舞われた状況を打破したりできるようなキャリアを目指す。	
8	家族とともに楽しみにしていることが犠牲になってしまう仕事に異動させられるぐらいなら、その組織を辞めた方がましだ。	
9	キャリアを通じて専門技能や職能分野の技能をすごく高度に磨きあげることができるならキャリアがうまくいきそうだと感じる。	
10	複雑な組織を率い、大勢の人々を左右する意思決定を自分で下すような立場を目指す。	
11	どのような課題をどのような日程と手順で行うのか、について自分の思い通りになるときに、最も大きな充実感を仕事に感じる。	
12	安定した職務保障もなしに仕事に配属させられるくらいなら、すっぱりとその組織を離れるだろう。	
13	他人の経営する組織でマネジャーとして高い職位に就くよりも、むしろ自分の事業を起こすことを重視する。	
14	キャリアを通じて、他の人々のために自分の才能を役立てることができたときに、最も大きな充実感を自分のキャリアに感じる。	
15	非常に難しい挑戦課題に直面し、それを克服できたときに、キャリアがうまくいきそうだと感じる。	
16	自分が家族とともに望んでいること、仕事から要請されることとがうまく両立できるキャリアを目指す。	
17	組織の長として、ゼネラル・マネジャーになるよりも、自分の専門職能分野でマネジャーになる方が、より魅力的に感じられる。	
18	何らかの組織でゼネラル・マネジャーの立場で仕事をするときに、キャリアがうまくいきそうだと感じる。	
19	完全な自律や自由を獲得したときに、キャリアがうまくいきそうだと感じる。	
20	将来が安定していて安心感の持てる会社での仕事を求めている。	

No	質　問	回答欄
21	自分自身のアイデアと努力だけによって何かを創り上げたときに、最も大きな充実感を自分のキャリアに感じる。	
22	マネジャーとして高い職位に就くよりも、自分の技能を生かして少しでも世の中を住みやすく働きやすくする方がもっと大切だと思う。	
23	一見解決不可能と思われた問題を解決したり、どうにもならないような局面を打開したときに、最も大きな充実感を自分のキャリアに感じる。	
24	個人的な要望、家族からの要望、キャリアに求められることをうまくバランスさせることができたときに、キャリアがうまくいきそうだと感じる。	
25	自分の専門領域から外れてしまうような人事異動をローテーションとして受け入れるくらいなら、むしろその組織を辞める。	
26	今の自分の専門職能領域でマネジャーになるよりも、組織の長としてゼネラル・マネジャーとして仕事をする方が魅力的だと思う。	
27	将来が保障された安心なことよりも、規則や規制に縛られず、自分のやりたいように仕事ができるチャンスが大切だと思う。	
28	収入面、雇用面で完全に保障されていると感じられるときに、最も大きな充実感を仕事に感じる。	
29	自分自身の生み出した製品やアイデアで何かを創り出し、軌道に乗せたとき、キャリアがうまくいきそうだと感じる。	
30	人類や社会に本当の貢献ができるキャリアを目指す。	
31	自分の問題解決能力、競争に打ち勝つ能力をフルに生かせる挑戦機会を求めている。	
32	マネジャーとして高い地位に就くことよりも、自分の個人的な生活と仕事生活の両方をうまくバランスさせる方が大切だと思う。	
33	自分独特の技能や才能を活用できたときに、最も大きな充実感を仕事に感じる。	
34	ゼネラル・マネジャーになるコースから外れてしまいそうな仕事をやらされるぐらいなら、そんな組織は辞めてしまう。	
35	自律して自由に行動できないような仕事に就くくらいなら、そんな組織は辞めてしまう。	
36	将来が保障され安心感をもって仕事に取り組めるようなキャリアを目指す。	
37	自分自身の事業を起こし、それを軌道に乗せることを目指す。	
38	他の人の役に立つために能力を発揮することができないような配属を拝受するなら、その組織を辞めたいと思う。	
39	ほとんど解決できそうもない問題に挑戦できるということは、マネジャーとして高い地位に就くことよりも最も大切である。	
40	自分個人や家族の関心事にあまりマイナスの影響がないような仕事の機会をいつも求めている。	

（出所：エドガー・H.シャイン、金井壽宏 訳「キャリア・アンカー　～自分のほんとうの価値を発見しよう」をもとに筆者作成）

2) 集計の仕方について

表付 2.2 の 1～40 の欄は、点数をつけた質問票の各項目に対応しているので、以下の順序で集計を行う。

① 質問票の「自分に最もあてはまる」3 つの項目に 4 点を加算する。

② 質問票につけた点数を集計表の 1～40 に転記する。

③ 数字をすべて転記し終えたら、縦に合計する。

④ 合計の数字を 5 (項目数) で割って、8 つのキャリア・アンカーの各次元の平均値を計算する。

それぞれの平均点が自己評価の結果となる。最も高い点のカテゴリーがあなたのキャリア・アンカーである。

表付 2.2 集計表

カテゴリー	TF	GM	AU	SE	EC	SV	CH	LS
質問項目	1	2	3	4	5	6	7	8
	9	10	11	12	13	14	15	16
	17	18	19	20	21	22	23	24
	25	26	27	28	29	30	31	32
	33	34	35	36	37	38	39	40
合　計								
	÷5	÷5	÷5	÷5	÷5	÷5	÷5	÷5
平均点								

(出所：エドガー・H. シャイン、金井壽宏 訳「キャリア・アンカー 〜自分のほんとうの価値を発見しよう」をもとに筆者作成)

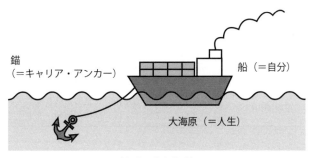

錨（＝キャリア・アンカー）　　船（＝自分）

大海原（＝人生）

(出所：筆者作成)

3）キャリア指向自己チェック結果評定

　キャリア・アンカーには、表付 2.3 のとおり、TF〜LS の 8 つのカテゴリーがある。集計結果で最も平均点の高いカテゴリーが、自身のキャリア・アンカーということになる。

　自分のキャリア・アンカーがどこにあるかをあらかじめ知ることによって錨（アンカー）でしっかり自分という船を繋ぎ止めることができる。変化が激しく将来の予測が困難な時代において、突然荒波がやってきても、自分という船は錨のおかげで多少揺れることはあっても沈没することなく安定したやりがいのある人生を送ることができるのである。

表付 2.3　キャリア・アンカーの分類

TF	専門性指向	スペシャリストとして、その道のプロを目指している。専門性を身に付けることに生き甲斐を感じ、常に自己研鑽を惜しまない。
GM	ゼネラル・マネジメント指向	組織内での昇進を望み、責任ある地位に就くことでリーダーシップを発揮し、組織に大きな影響力を与えることを望んでいる。
AU	自律・独立指向	束縛を嫌い自律を重視し、マイペースで自分が納得したことを最優先する。拘束される組織を好まないので独立を望むことがある。
SE	保障・安定化指向	何より安定を望み、安全確実で将来の予測が付くことを重視する。たとえ恵まれない仕事や地位でも安定していれば不満はない。
EC	起業家的創造性指向	創造的衝動が強く、新しい事業を起こすのに限りない喜びを感じる。たとえ起業に成功しても富や名声に興味がなくさらに挑戦する。
SV	奉仕・社会貢献指向	何らかの形で世の中を良くしたいという欲求が強く、奉仕することに価値を見出し、人に貢献することに喜びを感じる。
CH	純粋な挑戦指向	常に困難で危険な、不可能と思われることに挑戦し続け、それを克服することに価値を見出し、生き甲斐を感じる。
LS	生活重視調和指向	自分の生活を最も重視し、私的生活と職業生活のバランスをはかることで生活様式全体の調和を追求する。

（3）自分を掘り下げるライフテーマのワーク

　現代は、VUCA（ブーカ）の時代といわれる。VUCA とは、Volatility（変動性）、Uncertainty（不確実性）、Complexity（複雑性）、Ambiguity（曖昧性）という 4 つのキーワードの頭文字を取った言葉で、変化が激しく、あらゆるものをとりまく環境が複雑性を増し、想定外の事象が発生する将来予測が困難な状態を指す。新型コロナウイルスの世界的な感染流行やロシアによるウクライナ侵攻など予測困難な現実が実際に起きている。

　このような変化の激しい時代においては、どのように将来のキャリアをデザインすればいいのだろうか。自分が思い描いた夢や目標を立てて、それに向かって進むのも良いが、現在は、自分の進む道を選ぶ時代ではなく、自分で進むべき道を作り上げていく時代なのである。すなわち、これからは自分の進む道（キャリア）を作っては壊し、壊しては作っていかなければならないのである。そのため、自分の中に揺るぎない人生のテーマというものを意識する必要がある。

　そこで、キャリア構築理論の提唱者であるサビカスの有名なワークを経験してみる。キャリア構築理論では、自分の中に人生のテーマを見付けることを重視する。人生を貫くひとつのテーマがなければ、作っては壊し、壊しては作る中で自分を見失ってしまいそうになるからだ。何よりも心の中に幼いころから現在に至るまで 1 本の線のように続いている何らかの手ごたえが必要になるだろう。この自分なりのテーマを見付け出す方法のひとつとして、自分の人生をまるで物語のように考えるナラティブアプローチがある。「ナラティブ」とは、「物語」という意味である。

　「私の過去は、これまで〇〇〇でしたが、現在は●●●であり、将来は、◎◎◎を目指すつもりです」といった具合である。連続性に着目し、自分の人生を物語として考えてみるワークである（図付 2.4）。

　このあと、サビカスの有名なワーク（図付 2.5）に挑戦する。5 つの質問に答えることにより、自分なりの人生のテーマに近づくことができるといわれている。特に大事な質問が、最後の質問である。自分が本当に幼いころの体験のうち、今でもよく覚えている出来事は、それこそが自分の人生のテーマと触れ合うものと考えられている。

1) 自分の中に「物語」を見つけ出す

誰しも自分の人生の中に、自分なりの物語を持っている。サビカスのワークは、そこにたどり着くための第一歩とされている。

図付 2.4 の各項目に、次のような形で □ に自身の好きなように書き込む。

私の過去は、これまで、|とても楽しいことばかり|

でしたが、現在は、|少しどうしてよいか思い悩んでいるとき|であり、将来は、|必ず自分がやりたいことを見つけ出すこと|を目指すつもりです。

私の過去は、これまで

でしたが、現在は、

であり、将来は、

を目指すつもりです。

図付 2.4　ナラティブアプローチのワークシート

（出所：Savickas、安達智子・下村英雄「キャリア・コンストラクションワークブック」の一部をもとに筆者作成）

2）自分をもっと掘り下げる

図付 2.5 は、サビカスによる有名なワークである。1〜5 の課題を考えることで、自分なりの人生テーマに近づくことができると考えられている。もともと難しいワークなので、自分のテーマを掘り下げるための「練習」のつもりで、軽い気持ちで取り組むのが良い。

1. 大人になるとき、だれを尊敬していましたか？　その人について教えてください。
2. あなたは、定期的に何か雑誌を読んだり、テレビ番組や YouTube などを見たりしていますか？　どちらかひとつだけですか？　そうした雑誌やテレビ番組・YouTube のうち好きなタイトルは何ですか？
3. あなたの好きな本は何ですか？　どんな話か教えてください。
4. あなたの好きな諺やモットーを教えてください。
5. あなたの一番最初の思い出は何ですか？　あなたが思い出せる思い出を 3 つ聞きたいと思います。たとえば、3〜6 歳ぐらいの出来事、もしくは、あなたが覚えている一番初めの出来事についてお聞かせください。

図付 2.5　サビカスのワークシート

（出所：Savickas、安達智子・下村英雄「キャリア・コンストラクションワークブック」の一部をもとに筆者作成）

(4) 強み・弱み読み替えのワーク

　応募書類には、必ず自分の長所や強みを記入する欄がある。20年近く同様の「強み・弱みのワーク」をやってきたが、意外と強みを書けない人が少なくない。そういう人に限って、弱みはたくさん書ける。そこで、途中から弱みの見方を変えて、強みに言い替えるリフレイミングのワークを加えた。強みと弱みは表裏一体・見方次第で、弱みは強みになるというものである。たとえば、「私の弱みは、優柔不断なところである」という見方・とらえ方を、前向きな見方・とらえ方で再度見てみると、「優柔不断というのは、慎重で思慮深い結果だから、深く物事を考えるという強みにもなる」とリフレイミング（言い替え）できるのである。

　このように、見方・とらえ方を変えることによって、弱みしか書けなかった人が、強みも書けるようになったのである。新たな強みの発見によって、自信にもつながり、その後の就職活動が前向きになった。

　また、このワークは企業のマーケティング戦略で使われるSWOT分析（第7章参照）に発展活用できる。このワークで分析した自分の強み（Strengths）と弱み（Weaknesses）という内部環境と求人市場の機会（Opportunities）と脅威（Threats）という外部環境を分析して、各要素をクロスすることにより、自分という商品を求人市場に効果的に広報PRすることができる。このように、就職活動を戦略的に進めることができるのである。

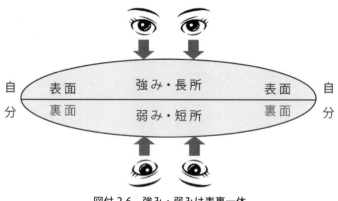

図付 2.6　強み・弱みは表裏一体
（出所：筆者作成）

強みと弱み

1) あなたという商品の強みと弱みは何ですか？ 性格についてだけでなく、自慢できることや誰にも負けないと思えるようなこと、興味などを強みに記入しましょう。一方、他者より自分が未熟だと思うこと、カバーしなくてはいけないと思っていることを弱みに記入しましょう。

2) どんな短所でも見方を変えると「良い側面」があります。1で書いた短所を長所に読み替えてみましょう。思いつかない場合は、周囲の人に聞いてみましょう。

【例】 ●優柔不断──→良く物事を考える、思慮深い、慎重

●落ち着きがない──→行動力がある

ここでは、自分を知り、それを自分の言葉で他人に伝えられるかどうかがポイントです。自分という商品を売り出すコピーライターになったつもりで書いてみましょう。

強み（Strengths）

【記入例】

（キャッチコピー）	（具体例・エピソードなど）
小惑星探査機「はやぶさ」のような耐久力・持久力	「一度決めたことは、最後までやり通す」をモットーにそれを維持する体力と精神力だけは誰にも負けない自信があります。10年間毎日5キロのジョギングは欠かしていません。

弱み（Weaknesses）

弱みを記入したら、その弱み（短所）を強み（長所）に読み替えてみましょう。

（キャッチコピー）	弱み（具体例・エピソード）	強み（具体例・エピソード）

図付 2.7 強み・弱み読み替えのワークシート（表面）

（出所：筆者作成）

周りの人から見たあなたの強みと弱みは？

3)　次に、あなたの周囲にいる家族、友人、担任の先生、恩師等にあなたの強みと弱み
について聞いてみましょう。あなたが自分で思っていた強みと弱みとは違う、新たな
発見や気付きがあるかもしれません。

【参考】

強み（Strengths）

1.

2.

弱み（Weaknesses）

1.

2.

気付いたこと

図付 2.8　強み・弱み読み替えのワークシート（裏面）
（出所：筆者作成）

(5) 社会人基礎力のワーク

応募書類や面接で、自分の長所や強みをアピールするためのワークのひとつとして、(4)で「強み・弱み読み替えのワーク」を紹介した。応募先企業が決まったら、まず、当該企業が求めている人材像を把握することが肝心である。その求められている人材像に自分がマッチしている強みを、特に、アピールできるよう指導する。

一般的に企業が求めている人材の能力要素に「社会人基礎力」がある。「社会人基礎力」とは、2006年に経済産業省が提唱した「職場や地域社会で多様な人々と仕事をしていくために必要な基礎的な力」のことである。「前に踏み出す力」「考え抜く力」「チームで働く力」という3つの能力と、それらを構成する12の能力要素から成り立っている（表付2.4参照）。社会人基礎力は仕事をする上での基盤となる能力であり、どの業界においても最低限必要とされる能力といえる。まずは、どのような能力が社会人基礎力として定義されているのかを学び、現在の自分の各能力を5段階で自己評価してもらう（図付2.9参照）。中央の3以上に自己評価できた能力・スキルについては、その裏付けとなる自分の具体的な経験内容を記載させ、それを応募書類や面接にも活かすよう指導する。さらに、どうすれば高めていけるのか、行動計画にも反映させる。

このワークは、インターンシップ実施前後でも行い、企業におけるOJTによって、学生がどんな仕事経験をすることで、どの能力がどれくらい成長したと実感できたかを自己評価してもらった。このワークによって、今までの、インターンシップから戻ってきた学生の顔色や態度・姿勢が活き活きと変化したという指導者側の主観的な観察からだけではなく、数字上で客観的に変化を把握することができた。このワークは、企業における新入社員の入社直後と、入社6か月後、1年後の社会人基礎力の各能力の成長実感を自己評価してもらい、今後の能力開発計画のツールのひとつとしても活用していただけると思われる。

さらに、これまで以上に長くなる個人の企業・組織・社会との関わりの中で、ライフステージの各段階で活躍し続けるために「人生100年時代における社会人基礎力」が求められている。社会人基礎力の3つの能力／12の能力要

表付 2.4　社会人基礎力

社会人基礎力（3 つの能力と 12 の能力要素）

●社会人基礎力とは？：職場や地域社会の中で多様な人々と仕事をしていくために必要な基礎的な力（経済産業省が定義）。

分　類	能力要素	内　　　容
前に踏み出す力（アクション）	主体性	物事に進んで取り組む力 　例）指示を待つのではなく、自らやるべきことを見つけて積極的に取り組む。
	働きかけ力	他人に働きかけ巻き込む力 　例）「やろうじゃないか」と呼びかけ、目的に向かって周囲の人々を動かしていく。
	実行力	目的を設定し確実に行動する力 　例）言われたことをやるだけでなく自ら目標を設定し、失敗を恐れず行動に移し、粘り強く取り組む。
考え抜く力（シンキング）	課題発見力	現状を分析し目的や課題を明らかにする力 　例）目標に向かって、自ら「ここに問題があり、解決が必要だ」と提案する。
	計画力	課題の解決に向けたプロセスを明らかにし準備する力 　例）課題の解決に向けた複数のプロセスを明確にし、「その中で最善のものは何か」を検討し、それに向けた準備をする。
	創造力	新しい価値を生み出す力 　例）既存の発想にとらわれず、課題に対して新しい解決方法を考える。
チームで働く力（チームワーク）	発信力	自分の意見をわかりやすく伝える力 　例）自分の意見をわかりやすく整理した上で、相手に理解してもらうように的確に伝える。
	傾聴力	相手の意見を丁寧に聴く力 　例）相手の話しやすい環境を作り、適切なタイミングで質問するなど相手の意見を引き出す。
	柔軟性	意見の違いや立場の違いを理解する力 　例）自分のルールややり方に固執するのではなく、相手の意見や立場を尊重し理解する。
	情況把握力	自分と周囲の人々や物事との関係性を理解する力 　例）チームで仕事をするとき、自分がどのような役割を果たすべきかを理解する。
	規律性	社会のルールや人との約束を守る力 　例）状況に応じて、社会のルールに則って自らの発言や行動を適切に律する。
	ストレスコントロール力	ストレスの発生源に対応する力 　例）ストレスを感じることがあっても、成長の機会だとポジティブに捉えて肩の力を抜いて対応する。

（出所：経済産業政策局 産業人材課「社会人基礎力」「人生 100 年時代における社会人基礎力」をもとに筆者作成）

【学年：　　　】【学科：　　　　　　　】【学生番号：　　　　　　　】【名　前：　　　　　　　】

社会人基礎力の 12 の能力要素（自分の経験について）

分　類	能力要素	具体的な経験内容	自己評価 （0 なし、1 低い、2 やや低い、3 やや高い、4 高い、5 非常に高い）					
前に踏み出す力 （アクション）	主体性		0	1	2	3	4	5
	働きかけ力		0	1	2	3	4	5
	実行力		0	1	2	3	4	5
考え抜く力 （シンキング）	課題発見力		0	1	2	3	4	5
	計画力		0	1	2	3	4	5
	創造力		0	1	2	3	4	5
チームで働く力 （チームワーク）	発信力		0	1	2	3	4	5
	傾聴力		0	1	2	3	4	5
	柔軟性		0	1	2	3	4	5
	情況把握力		0	1	2	3	4	5
	規律性		0	1	2	3	4	5
	ストレスコントロール力		0	1	2	3	4	5

図付 2.9　「社会人基礎力」自己評価ワークシート

（出所：筆者作成）

素を内容としつつ、能力を発揮するにあたって、自己を認識してリフレクション（振り返り）しながら、目的、学び、統合のバランスを図ることが、自らキャリアを切り開いていく上で必要と位置付けられる。

　以上、主な自己理解ワークを紹介してきたが、この他にもさまざまなワークがある。たとえば、エゴグラム[*3]（第 3 章 p44、第 7 章 p105 参照）、イチロー

---

*3：「エゴグラム」とは、交流分析理論における自我状態の量的尺度として対象となる人のパーソナリティを多覚的にとらえる方法。最近では、企業におけるメンタルヘルス対策や職員研修など、教育現場では生徒指導や面談などに幅広く用いられている。

の作文をベースにした夢のワーク、エニアグラム[*4]、YG 性格検査[*5]（第 7 章 p105 参照）、MBTI[*6]、ホランドの VPI（職業興味検査）[*7]、パーソンズの GATB（一般職業適性検査）[*8] などである。企業研修や大学の公開講座などでは、受講者のニーズに合わせて自己理解ワークを選択している。

【参考文献】

1) 奥田美都子（2009）、「マーケティング発想を取り入れたモチベーションアップの "やる気" 創出指導法」、職業能力開発研究、第 27 巻、pp.37-53

2) 奥田美都子（2010）、「マーケティングの発想を活かしたキャリア形成支援の取り組み」、インターンシップ研究年報、第 13 号、pp.37-44

3) 奥田美都子（2021）、「キャリア形成支援ワークプログラムの実施と効果の検証　―自己理解のワークに着目して―」、文化情報学会誌、第 27 巻第 1 号

4) 厚生労働省（2001）、「キャリア・コンサルティング技法等に関する調査研究報告書」

5) 日本進路指導学会（1986）、「D.E スーパー「キャリア心理学における発展」講演要旨」、進路指導研究、No.7、pp.35

6) エドガー・H. シャイン、金井壽宏訳（2003）、『キャリア・アンカー　～自分のほんとうの価値を発見しよう』、白桃書房

7) Savickas（2011）、安達智子・下村英雄（2013）、「キャリア・コンストラクションワークブック」

8) 経済産業政策局 産業人材課、「社会人基礎力」、「人生 100 年時代における社会人基礎力」

[*4]：「エニアグラム」とは、人間が持つ 3 つの知性の中心（精神、感情、本能）の方向性に関係する 9 種類の機能に基づいて、人間の性格を構造化したモデル。

[*5]：「YG 性格検査」とは、矢田部ギルフォード検査のこと。アメリカのギルフォード教授の考案モデルを京都大学の矢田部達郎教授が日本の文化環境に合うように作成した。120 問の質問に答えることにより性格の特性を判断していく。

[*6]：「MBTI」とは、ユングのタイプ論をもとにした、世界 45 か国以上で活用されている国際規格に基づいた性格検査。マイヤーズ＝ブリックス・タイプ診断の略で、人々の性格を 16 のタイプに分類する。

[*7]：「VPI（職業興味検査）」とは、アメリカで開発されたホランドによる VPI の日本版。6 つの興味領域（現実的、研究的、芸術的、社会的、企業的、慣習的）に対する興味の程度を 5 つの傾向尺度（自己統制、男性・女性、地位志向、稀有反応、黙従反応）がプロフィールで表示される。

[*8]：「GATB（一般職業適性検査）」とは、厚生労働省が主催しているパーソンズの特性因子理論を活用した職業適性検査。制限時間内に問題を解いていくことで 9 つの適性能（知的能力、言語能力、数理能力、書記的知覚、空間判断力、形態知覚、運動共応、指先の器用さ、手腕の器用さ）が測定でき、その職業への適性を確認できる。

3.1　英語関連科目（工業英語、商業英語、貿易実務英語）

　一般教育科目としての「英語」も「キャリア形成関連科目」と同様、人材育成の観点から重要である。すなわち、企業と業界の近代化と同時に、港湾産業と港湾人の社会的地位の向上のためには、他の業界に匹敵するレベルを目指す必要があると思われる。ましてや、港湾・物流業界は、今や世界の海や空を渡り、生活に必要なモノを運ぶグローバルな業界である。そのコミュニケーションの基本は、世界共通語といわれる英語である。

　しかし、残念ながら、港湾カレッジ生は英語が苦手である。貿易関係書類はすべて英語、船内荷役現場では、外国人船長や船員が多く、コミュニケーションはすべて英語なので、英語力アップを目指して取り組んでいるが、なかなか思うように進まないことが少なくない。

(1) 工業英語、商業英語

　当初は、英語のレベル別にクラス分けをして、上級・中級・普通と3クラスで授業を行っていたが、対応できる教員の人数も減り、一人ですべての学生をカバーしなくてはならなくなった。

　そこで、思いついた方法がペアワークである。英語ができる人とできない人をペアにして座らせて、わからない人はパートナーに聞いて教えてもらう。このやり方が、学生にも好評で、受け入れられて奏功した。できる人といっても、英検2級から準2級レベルである。できない人は、中学時代から英語の勉強をサボっていた結果、当然のことながら英語がわからなくなってしまった学生たちである。わからないことをパートナーに教えてもらうことで徐々に理解できるようになった。一方、英語ができる学生も、ペアの相手である英語が苦手な学生に教えることによって理解が深まったと話してくれた。

　最終的には、自分のレベルに合った参考書を選んで、自発的に勉強するようにまでモチベーションが上がった学生もいた。

(2) 貿易実務英語

　専門用語を丸暗記させ、毎回授業のはじめに単語テストを行った。文法はわからなくても、貿易専門用語だけでも覚えていれば、就職後の実務に役立つ。実際、卒業生のヒアリング結果では、学生時代に一番印象に残っている授業科目の中に「貿易実務英語」の授業を挙げた人がいた。貿易の専門用語を知っているだけで、入社直後は他の4年制大学卒の新入社員と比較しても優位に立てたというのである。

　卒業生が、学生時代にもっと勉強しておけば良かったと後悔している科目のトップが英語である。そのことを現役学生に毎年話し、英語の学習を促している。

3.2　専門科目（貿易概論、港湾特論、輸送概論、物流管理概論、港湾情報処理ほか）

　筆者は、これらの専門科目を担当してきたが、共通していることは、座学だけでなく、その発展として現場見学を通じて理解を深める機会を作ってきたことである。コロナ禍で 2020 年以降は見学できる現場が急減したが、可能な範囲で現場見学に引率した。ヒアリングした港湾カレッジ卒業生も、港湾・物流業界における人材育成について重要なこととして「座学で学んだことについて現場見学を通じて理解を深めること」と回答した（第4章④参照）。

(1) 貿易概論（1 年次前期）

　貿易実務の説明に入る前に、日本の貿易の現状、国際貿易体制と GATT、WTO と日本の貿易関連法、貿易と環境について解説してきた。まずは、貿易全体を俯瞰することからスタートし、徐々に森から林、そして木という個々の詳細に入っていくという流れである。毎回見学した施設は、横浜税関の展示室である。

　知的財産侵害物品や密輸の手口を再現した展示があり、学生も関心を持って見学していた。見学後は、レポートを提出させた。入校後最初の課題である。レポートの作成では、である調で記入することや、段落の最初は1文字下げてスタートすること、見出しの作成、写真の挿入などの基本を学ぶ。できてない学生がほとんどだが、2年次の卒業論文に向けた文書作成の基礎作りともいえる。

(2) 港湾特論（1年次後期）

1年次前期の「港湾総論」の応用科目であり、港湾業界の実践的基礎知識を学習する。港湾の意義・機能・種類、港湾施設、港湾荷役機械の特徴など「港湾総論」で学習したことの復習も兼ねて、現場見学することにより理解を一層深める。そのため、コロナ禍以前は、

① 　コンテナ船・在来船の荷役見学
② 　日本最大の岸壁水深18m、24列対応のコンテナクレーンを5基設置し、超大型船への対応が可能な南本牧ターミナル（MC-3、MC-4）の沿岸荷役見学
③ 　自動車専用船の沿岸・船内荷役見学
④ 　上屋倉庫見学

などを行っていた。

①コンテナ船沿岸荷役見学

②南本牧ターミナル見学

③大黒ターミナル見学

④ゼミ学生と食品倉庫見学

図付3.1　関連施設などへの見学会の様子

（出所：筆者撮影・提供）

　「百聞は一見に如かず」という諺の通り、座学で学んだ情報を実際に目のあたりにして、今まで点だった知識がやっと線としてつながりイメージできるのである。見学後は、毎回見学レポートの作成を課しており、学生には負担だが、2年次に向けた進路別選択コースの決定や、就職先の決定にもつながる貴重な経験になったと思われる。

（3）輸送概論、物流管理概論

　授業でグループ討議のテーマにしている「トヨタ生産方式」を学習するため、また、最新のフォークリフトや自動倉庫システムも見学できる「トヨタL&F東京」の展示場に毎回見学引率した。見学後には、トヨタ生産方式についてグループごとにテーマを決めて討議してもらい、各グループ15分（Q&A含む）で発表。テーマが重複しないよう、あらかじめ申告制にした。討議を円滑に進めるようグループごとにファシリテーター（司会進行役）とレコーダー（記録係）を決めてもらい、ファシリテーター中心に進行させた。主なテーマは、以下の通りである。

- ・5S とは
- ・Just in Time（JIT）
- ・自働化のメリット・デメリット
- ・7つのムダと自働機械
- ・かんばん方式
- ・カイゼン、なぜ？を5回
- ・見える化
- ・リードタイムの短縮
- ・モノづくりはヒトづくり

（4）集中実習と卒業生講義

　港湾カレッジのカリキュラムは、前期と後期に2週間通しの集中授業がある。筆者は、後期に「貿易実務実習」という授業科目を1週間担当した。12月初旬の「貿易実務検定C級」合格対策が中心であるが、座学での学びをさらに深めてもらうために、毎年、卒業生をゲストスピーカー（講師役）として

呼んで講義してもらった。

　ゲストスピーカーは、あえて奥田ゼミ卒業生で、入社3年から5年目程度の若手に依頼し、18歳から20歳という現役学生に近い視点で話してもらった。学生には、入社3年目ぐらいには、これぐらい堂々と仕事について話せるようになるというロールモデルを示す狙いもあった。

3.3　卒業論文制作

　2年次になると「総合制作実習」（12単位）、「ゼミナール」（8単位）という必修科目があり、卒業論文を全員に制作させる。必修科目であり合格しなければ卒業できないため、2年次後半は皆必死である。

　この卒業論文制作には、ポリテクビジョンという発表会があり、当日は、内定先企業の人事採用担当者の方々が発表を聞きに駆け付ける。そのため、学生たちはより緊張することとなるが、この発表体験と卒業論文制作が学生時代最後の成長の機会となる。実際、自発的に取り組んだ学生の成長ぶりには目を見張るものがある。

（1）総合制作実習、ゼミナール

　それぞれ12単位、8単位、合計20単位という膨大な時間を費やす。2単位が100分授業で18回の1,800分（30時間）なので、20単位は300時間ということになる。

　テーマを決めるまでが大変である。大方、内定先企業の業種、職種を考慮し、入社後に役立つテーマを推奨している。たとえば、フォアマン（海務監督）や作業職として就職する場合は、「港湾の安全」「コンテナの積付けプラン」をテーマに選んだり、貿易事務として就職する場合は、「AEO制度」や「通関業務」をテーマにしたりする場合が多い。過去における奥田ゼミの学生の卒業論文のテーマは次表の通りである。

　「港湾の安全」をテーマにした学生が多かったことがわかる。

付録3　港湾カレッジの講義科目（筆者担当の一部と概要）

表付 3.1　学生の卒業論文テーマ

年度	テーマ
2023	港湾作業における安全　〜超高齢化社会の人手不足に向けて〜
2023	港湾労働者不足解決を目的とした港湾における自動化活用の一考察
2023	環境問題に対する港湾物流企業の取り組み
2022	港湾の安全　〜フォアマンから見る安全〜
2022	港湾の安全　〜作業員から見る安全〜
2021	食品ロスについて　〜もったいないをなくそう〜
2021	環境問題に対する物流企業の取組み
2020	港湾の安全　〜ヒューマンエラーに着目して〜
2020	荷役機械の運転の特性
2020	AEO 制度
2020	観光地としての横浜港
2019	食品倉庫について　〜冷蔵倉庫の保管に着目して〜
2019	輸入食品の安全性確保
2019	AEO の重要性
2019	コンテナの積みつけ方
2018	港湾の安全　〜港湾作業現場に着目して〜
2018	港湾作業現場の安全　〜事故の内容とアンケート調査からわかること〜
2018	港湾の安全について
2017	物流コスト削減の取り組み　〜各業界の取り組み事例から〜
2017	モーダルシフトの現状と課題
2017	輸入食肉の安全性
2017	北極海航路のもたらす影響
2016	韓進海運破綻の実態
2016	輸入チーズの輸送と保管
2016	立体自動倉庫における震災対策
2015	港湾の安全　〜アンケート調査からわかること〜
2015	原油（危険品）の輸送・保管方法について
2015	食品倉庫について　〜コーヒー豆の輸送と保管に着目して〜
2014	現状の安全と取り組み
2014	現場の安全対策と取り組み
2014	これからのワイン輸送、保管について

（2）ポリテクビジョンでの卒業論文発表

　卒業論文の発表は、1 日かけて、みなとみらいの国際展示場で行う。上述の通り、内定先企業の人事採用担当者が学生の発表を聞きに来るので、学生も担

当教員も緊張する。また、1年生が発表会に参加することにも意義がある。翌年は、1年生が同じように卒業論文の発表をする番になるからだ。そのため、1年生には、わかりやすかった発表、印象に残った発表などしっかり記憶して翌年に活かすよう伝えた。2年生は、発表後の質問や教員からのアドバイスをもとに、卒業論文の完成を目指すことになる。この後、内定先企業での2週間のインターンシップがある。

図付 3.2　卒業論文発表の様子と発表後の学生たち
（出所：筆者撮影・提供）

3.4　インターンシップ

　内定先企業に派遣され、2週間実務を学ぶ。本来のインターンシップは、企業選択する上で当該企業とのマッチングを目的とするが、港湾カレッジでは、内定者研修のような位置付けで派遣される。わずか2週間ではあるが、学校に戻ってきたときの学生の成長は目覚ましく、OJTの効果の大きさを実感する。

　インターンシップ成果発表報告会は、筆者が担当している「職業実務実習」

という授業科目の中で実施される（表7.2参照）。従来は行っていなかったようであるが、1年生に向けて、進路選択の情報提供になることと、当事者である2年生自身がインターンシップの前後でどのように成長したか振り返って実感してほしいという思いから、筆者が立ち上げたものである。この報告会をきっかけに、1年生と2年生の縦のつながりが生まれ、1年生は関心のある企業について、内定した2年生に話を聞きに行く姿が見られた。

　また、インターンシップ期間には、ゼミの担当教官が企業に巡回指導に出向き、学生の様子を観察する。さらに、学生と企業側の担当指導者双方にヒアリングし、問題はないか、あるとしたら何か、その詳細を聞き、学生に解決策を考えるよう促した。

3.5　港湾カレッジ公開講座

　2019年11月29日に開催された藤木幸夫横浜港振興協会会長（藤木企業株式会社代表取締役会長）に講師をお願いした港湾カレッジ公開講座について述べる。

　神奈川港湾教育訓練協会主催の「スピーチプラザ」が毎年1回、開催される。港運業界の各企業から選抜された若手社員15名ほどが、多くの来場者（神奈川県、横浜市港湾局、港運関係者、港湾カレッジ教職員、学生など）が見守る中、「港と私」というテーマで港湾の仕事に就いて感じたさまざまな出来事や自分の目標・夢などについて自由闊達に発表する会である。

　筆者が港湾カレッジに異動して間もないころの2015年9月、第25回「スピーチプラザ」のゲストスピーカーが藤木会長であった。横浜港の発展に多大なる功績を残し、港湾カレッジの創設者の一人として、オランダのロッテルダム港湾運輸専門学校に何度も足を運び、視察された結果、現在の港湾カレッジができ上がったというお話を伺い、港湾カレッジへの大きな愛情を感じ感銘を受けた。

　その4年後、たまたまセミナーの広報PRのために訪問した神奈川港湾教育訓練協会の深川博次理事にその思いを伝え、港湾カレッジで藤木会長に講演していただけないか伺ってみた。すると、お年のことを考えると実現可能な良い提案ではないかと賛同してくださったのである。早速、港湾カレッジの山口校

図付 3.3　公開講座の案内と講演中の藤木会長
（出所：港湾カレッジ）

長（当時）に経緯を伝えると、賛同してくれた。その後、トントン拍子に準備が進み、4年越しの思いが実を結んだのである。

　当日は、定員300人の講堂が満席で、港湾関係企業の方、カレッジOBも大勢参加してくれた。在学生には、講座終了後に感想文を書かせたが、その文章を読んで藤木会長の横浜港および港湾カレッジ発展に向けた熱い思いが学生たちにも伝わったと感じた。お話は、戦争体験など難しい内容も含まれていたが、戦争を知らない世代にとっては、筆者も含め貴重な講座となった。1時間以上にわたる原稿なしのスピーチは、90歳近いお年とは思えないパワーで、参加者すべてが驚きと感動を感じたに違いない。何より学生たちから「港湾カレッジの学生であることに誇りを持てた」、「港湾人として今後社会貢献していきたい」、「港湾カレッジ創設者のお話が聴けて有意義だった」など、前向きな感想をたくさんもらったことが、発起人としては一番嬉しかったことを覚えている。

　以上のとおり、港湾業界で活躍する人材を育てる港湾カレッジでは、港湾業務に関係すること以外にも、人間形成のためのさまざまなカリキュラムを導入している。

おわりに

　日本の港湾は、多くの先人たちが苦労を重ね、汗を流して作り上げてきた。その土台の上に今日の繁栄が築かれたが、近年、その勢いを失いつつある。

　国際基幹航路である太平洋、アフリカ、中南米、欧州、北米航路におけるコンテナ船の日本寄港数は年々減少傾向にあり、2021 年は 2000 年以降で最低となった。神戸港がコンテナ取扱い世界 4 位を誇った 1980 年頃より、日本のメーカーは貿易摩擦の回避と製造コストの削減を求めて海外へ製造拠点を移管していった。これにより「産業の空洞化」が生じ、日本の港湾は世界の主要港湾の地位から序々に後退した。

　1994 年にコンテナ取扱い世界 6 位であった神戸港は、翌年に発生した阪神・淡路大震災により壊滅的な被害を受け、ハブ港としての地位を韓国の釜山港へ明け渡した。これより後、世界の主要港が多額の投資によって次世代港湾への整備を進めるなか、日本では世界水準の港湾整備が遅れた。

　2022 年の東京・横浜・名古屋・神戸・大阪の 5 大港におけるコンテナ取扱い数の合計は 1,399 万 TEU で、世界 10 位のロッテルダム港 1,446 万 TEU にも及ばない。2021 年 4 月に横浜港の南本牧ふ頭 MC-4 が完成し、大水深岸壁として世界水準に適うコンテナターミナル「MC-3・MC-4」（水深 18m、岸壁 900m）が連続バースで供用開始となった。器はひとつでき上がったが、世界の主要航路の本船を寄港させるためには、それに値する貨物量がなければならない。

　2023 年 5 月に国土交通省が公表した「国際コンテナ戦略港湾政策の取組状況」では、国際コンテナ戦略港湾（京浜港、阪神港）への「集荷」「創貨」「競争力強化」を掲げ、官民協力の下、政策実現に向けて取り組んでいる。

　2021 年 5 月に、世界銀行と調査会社 IHS マークイットが世界のコンテナ港湾の効率性を比較し、横浜港が 1 位に選ばれた。世界水準のターミナルと世界トップの荷役技術が揃った日本の港湾は、今後の官民挙げての政策実現への取組みにより、再び世界の檜舞台を目指していくこととなる。その時に必要なことは、これからの港湾産業を支え発展させていく人材の確保といえる。

　港湾をとりまく状況は、作業の自動化や IT システムの導入など日進月歩で

進み、その変化に対応する港湾人にも相応の高い知識と技能が求められている。開港当時から今日まで、港湾人は海外貿易の輸送を担う外航船での作業において、貿易実務や船舶の知識、法律、荷役機器の操作技術、さらには外国語を巧みに使いこなしながら港湾物流を止めることなく支えてきた。

変化していく今後の港湾産業においても、港湾人は適切に対応できる体制を整え臨んでいくこととなる。そのためには「老・壮・青」の適正なバランスも大事であるが、将来を見据えたとき、港湾を守り支えていく若い世代の人材確保と教育が欠かせない。

筆者が担当する「港湾産業論」の試験において「港湾運送事業参入への規制や港湾運送の秩序維持を目的とした事前協議制度に対して、諸外国から競争を妨げるものと批判が出されているが、どう考えるか」との設問に対し「安全な作業、適正な料金で港湾サービスを提供するためには、事業者へのある程度の保護政策は必要」「荷主、船会社による事業参入や営利だけを目的とした業者選定は、港湾運送事業を弱肉強食の産業へと化し、安全作業や適正料金の維持が困難となる可能性があるため好ましくない」といった解答があった。これらの解答が正しいか否かの判断はそれぞれの立場で違ってくるが、多くの学生が港湾産業を学び、業界の課題について自らの考えを堂々と述べ、港湾への夢を抱いて毎年羽ばたいていく教育機関が横浜港にあることは、港湾・物流業界のみならず日本の総合物流を発展させ堅持していく観点からも力強く頼もしい。

卒業生を待ち受ける業界でも採用について前向きに検討し、受け皿として支えていくことが港湾産業の持続的発展には重要である。筆者が港湾カレッジで教鞭をとる「港湾産業論」「荷役論」「フォアマンコース」の授業中に、学生へ機会あるごとに語りかける言葉がある。「港湾は世界物流のネックになってはいけない」「どんなに困難な仕事でも、終わりそうもない仕事でも、港湾で働くプロとして、どうしたら遣り遂げられるのかを知恵を絞って取り組まなければならない」。

学生たちは筆者の囁きを毎週の授業で念仏のように聴かされ、その言葉を心に留めて社会へ飛び立ち、日々の業務を通じ実践していくことであろう。

2024 年 3 月

柴原　優治

索　引

【著者紹介】

奥田　美都子（おくだ　みつこ）第1章、第3章、第4章、第7章、終章、付録2、付録3執筆
人材育成・キャリアコンサルタント、研修講師
港湾職業能力開発短期大学校横浜校特任准教授
社員定着プロデューサー
慶応義塾大学卒・同大学大学院政策・メディア研究科後期博士課程修了。
専門は、キャリア教育・職業教育・貿易実務・英語・マーケティング。上席職業訓
　練指導員、国家資格キャリアコンサルティング技能士2級。
学習院大学・武蔵野大学非常勤講師。講演・論文等多数。元国際機関プロジェクト
　担当官。外資系企業マーケティングマネージャー他。

柴原　　優治（しばはら　ゆうじ）第2章、第5章、第6章、第8章、第9章、付録1執筆
港湾職業能力開発短期大学校特任講師
横浜港湾カレッジ能力開発セミナー講師
元・ダイトーコーポレーション常務取締役横浜支店長。
港湾技能士補、職業訓練指導員免許第815号（昭和56年2月27日）
専門は、国際総合物流、港湾運送事業法、貿易実務、本船荷役実務、海運全般、荷
　役実務英語、港湾労働災害、安全管理。
担当科目：港湾産業論、荷役論、職業社会論、港湾総論、選択実習（フォアマン
　コース、貿易実務Ⅱコース）

こうわん　かつやく　じんざい　いくせい
港湾で活躍する人材の育成　定価はカバーに表示してあります。

2024年4月28日　初版発行

著　者　奥田　美都子・柴原　優治
発行者　小川　啓人
印　刷　三和印刷株式会社
製　本　東京美術紙工協業組合

発行所 株式会社成山堂書店
〒160-0012　東京都新宿区南元町4番51　成山堂ビル
TEL：03(3357)5861　FAX：03(3357)5867
URL　https://www.seizando.co.jp
落丁・乱丁本はお取り替えいたしますので，小社営業チーム宛にお送りください。